DER UMFASSENDE RATGEBER FÜR DEN MINIATURE AMERICAN SHEPHERD

Kearsten Williams

Veröffentlichungsdaten

Kearsten Willams

Der Umfassende Ratgeber Für den Miniature American Shepherd ---- Erste Ausgabe.

Zusammenfassung: „Einen Miniature American Shepherd erfolgreich vom Welpen bis ins hohe Alter aufziehen" --- Bereitgestellt vom Verlag.

ISBN: 978-1-961846-41-8

Herausgeber - Dylan Tatum

[1. Miniature American Shepherds --- Sachbuch] I. Titel.

Entworfen von Sorin Rădulescu

Erste deutsche Ausgabe, 2025

Inhaltsverzeichnis

KAPITEL 4

Deinen Miniature American Shepherd nach Hause bringen 34

KAPITEL 5

Welpeneltern sein 42

KAPITEL 6

Stubenreinheit und Unterbringung 53

KAPITEL 7

Futter und Ernährung 66

KAPITEL 8

Die Fellpflege deines Mini American 74

KAPITEL 1

Fakten über den Miniature American Shepherd

„Wenn du einen Mini American besitzt, hast du immer einen besten Freund, der bereit ist, ein Leben lang an deiner Seite zu bleiben."

Ashley Bryan
Ashley's Americans

Was ist ein Miniature American Shepherd?

Der Miniature American Shepherd ist eine kleinere Version des Australian Shepherd. Vielen als Mini American bekannt, ist er wegen seines wunderschönen Fells, seiner hohen Trainierbarkeit und seines freundlichen Wesens sehr begehrt. Mini Americans sind verspielte Energiebündel und liebevolle Begleiter für aktive Haushalte.

Foto Von
Mark A Delgado

Mini Americans sollten weder mit dem größeren Australian Shepherd verwechselt werden, der seit längerem beim Verband für das Deutsche Hundewesen (VDH) registriert ist, noch mit dem kleineren Toy Australian Shepherd, der keine offizielle Anerkennung durch FCI oder VDH besitzt und daher als Mischling gilt. Der Mini American kann viele Aufgaben erfüllen, die ein größerer Hund auch bewältigen kann, nur eben in praktischer Reisegröße. Ursprünglich wurden sie als Ranchhunde zur Herdenhaltung gezüchtet und glänzen heute in vielen weiteren Disziplinen wie Agility, Hüteprüfungen, Frisbee-Fangen, Trickvorführungen und bei Unterhaltungsveranstaltungen.

Geschichte des Miniature American Shepherd

Um die Geschichte des Miniature American Shepherd zu verstehen, muss man zunächst die Geschichte des Australian Shepherd kennen. Trotz seines Namens stammt der Australian Shepherd ursprünglich aus Europa und wurde in Nordamerika weiterentwickelt.

Obwohl die genauen Ursprünge unbekannt sind, ist man sich allgemein einig, dass der europäische Berger des Pyrenees oder Pyrenäenschäferhund im 19. Jahrhundert nach Nordamerika kam. Sie begleiteten baskische Schafhirten auf ihren Reisen und waren ein bedeutender früher Einfluss auf die Entwicklung der Rasse. Als die Rancher in Nordamerika die Fähigkeiten dieser Rasse erkannten, begannen sie, sie als Hütehunde für ihr Vieh einzusetzen und an die örtlichen Begebenheiten anzupassen.

Viele Menschen glauben fälschlicherweise, dass der Miniature American Shepherd eine Mischlingshunderasse sei. Tatsächlich wurde die Rasse jedoch nie gezielt mit anderen Hunden gekreuzt, um ihre Größe zu reduzieren. Seriöse Züchter nutzten stattdessen selektive Zucht, um den Typ zu festigen, und bereits in den 1960er Jahren sah man kleinere Australian Shepherds bei Rodeos auftreten.

Eine kalifornische Australian-Shepherd-Enthusiastin namens Doris Cordova, der die kleineren Hunde auffielen, war von ihnen begeistert. Sie kaufte so viele wie möglich, in der Hoffnung, dieses Merkmal zu erhalten, und arbeitete mit einem lizenzierten Tierarzt zusammen, um ein Zuchtprogramm zu entwickeln. Diese Hunde wurden ein wichtiger Teil der Mini Americans, die wir heute lieben.

Einige der bekanntesten frühen Hunde sind beim National Stock Dog Registry (NSDR) registriert, der als erste Organisation die damals noch als Miniature Australian Shepherds bekannten Hunde anerkannte. Im Mai 2019 erlangte der Miniature American Shepherd die Eintragung beim Verband für das Deutsche Hundewesen (VDH), im September desselben Jahres die der Fédération Cynologique Internationale (FCI). In Deutschland wird die Rasse vom Club für Australian Shepherd Deutschland (CASD) betreut. Cordova Spike war der erste Hund, den der NSDR als Mini registrierte. Crosswhite's Miss Kitty Fox erlangte Berühmtheit als erster Miniature American Shepherd, der einen Championtitel in einem Ausstellungsring erhielt.

Äußeres Erscheinungsbild

„Der Miniature American Shepherd bietet sowohl vom Wesen als auch von der Optik her eine recht große Vielfalt. Vielseitigkeit und Dynamik zeichnen den Miniature American Shepherd aus."

VDH Rasselexikon
Verband für das Deutsche Hundewesen

Der Rassestandard des Miniature American Shepherd laut FCI/VDH-Regeln umfasst:

Er besitzt einen kräftigen, klar gezeichneten Kopf mit einem ausgewogenen Verhältnis zwischen Fang und Schädel. Seine Vorderhand ist robust gebaut, und die Brust zeigt sich tief und gut ausgeprägt. Die ovalen Pfoten und Beine des Hundes stehen im Verhältnis zu seinem Körper. Die Beine sollten weder einwärts noch auswärts gedreht sein, sonern natürlich gerade stehen, mit einem deutlichen Punkt zwischen Knie und Sprunggelenk. Die ideale Winkelung in der Schulter beträgt 45 Grad, wobei die Hinterhand ähnlich sein sollte, um den Hund beim Laufen im Gleichgewicht zu halten.

Foto Von
Elizabeth Kidney

Der Körper ist etwas länger als hoch gebaut, und weist einen mäßigen Knochenbau auf. Die Winkelung in der Vorder- und Hinterhand sollte gleich sein, was zur Gesundheit der Hundestruktur beiträgt. Diese Konformation hilft der Rasse, ihre Agilität zu bewahren.

Foto Von
Amanda Akagi

Die meisten Augen dieser Hunderasse sind mandelförmig, weder ein-
gesunken noch hervorstehend, mit guter Füllung im Gesicht. Sie können
verschiedenfarbig sein, beispielsweise braun oder blau.

Die Ohren des Mini American sollten gut am Kopf angesetzt sein und
sich entweder nach vorne in „Knopfform" oder zur Seite als „Rosenohr" fal-
ten. Stehohren oder Hängeohren gelten bei dieser Rasse als Fehler.

Eines der Hauptmerkmale des Miniature American Shepherd ist sein
wunderschönes Doppelfell. Das Fell der Rasse ist häufig gerade oder wellig,
kann mehrschichtig sein und wird im Rassestandard als mittelhart beschrieben. Unter der äußeren, härteren Deckhaarschicht – die den Hund vor Wit-
terungseinflüssen schützt – befindet sich eine weichere Unterwolle. Die Unterwolle dient als Isolierung gegen Hitze und Kälte. Sie muss durch regelmäßiges Bürsten gut gepflegt werden, sonst kann es zu Verfilzungen kommen.
Mini Americans haben in der Regel „Befederung", fließende Haarfransen,
an den Vorderläufen und Hinterläufen sowie längeres Haar im Brustbereich
und an der Rückseite der Hinterhand.

Die Größe des Miniature American Shepherd beträgt laut FCI/VDH-Ras-
sestandard bei Rüden 35,5-46 cm und bei Hündinnen 33-43 cm Widerrist-
höhe. Miniature American Shepherds haben ein Gewicht von etwa 8 bis 18
kg, abhängig von Ernährung und Aktivitätsniveau, obwohl es keine offiziel-
len Gewichtsbeschränkungen für die Rasse gibt. Jedes Gewicht ist erlaubt.

Farben

Miniature American Shepherd Felle kommen in einer Vielzahl von Farben vor, jedoch bilden Rot und Schwarz die Grundlage für die vier anerkannten Grundfarben: Rot, Schwarz sowie Red Merle und Blue Merle.

Das Merle-Muster ist ein Markenzeichen der Rasse und entsteht, wenn die beiden Grundfarben durch ein modifizierendes Merle-Gen beeinflusst werden, das gefleckte Scheckung in manchmal sehr auffälligen Mustern verursacht. Red Merle modifiziert das rote Fell und erzeugt hellere rote Flekken, während Blue Merle das schwarze Fell modifiziert und blau aussehende Flecken erzeugt.

Zusätzlich kann ein Mini American lohfarbene oder weiße Abzeichen haben. Bei Lohfarbe, auch Kupfer genannt, sowie bei Weiß besteht der Großteil des Hundefells aus der Grundfarbe oder der durch Merle modifizierten Grundfarbe. Lohfarbene und weiße Abzeichen können sich am Kopf, an den Beinen, am Bauch und/oder unter dem Schwanz befinden. Sowohl Lohfarbe als auch Weiß können minimal sein, nur wenige Haare, oder sehr ausgeprägt.

Ein Tri ist ein Hund mit einer Grundfarbe und sowohl weißen als auch lohfarbenen Abzeichen.

Ein Bi ist ein Hund mit einer Grundfarbe und einer weiteren Farbmarkierung.

Ein einfarbiger Hund hat nur die Grundfarbe, keine weißen oder lohfarbenen Abzeichen.

Double Merles

Während die Wissenschaft das Merle-Muster weiterhin erforscht, gilt derzeit die vorherrschende Meinung, dass eine einzelne Kopie des Gens einen schön gefärbten Hund hervorbringt. Zwei Kopien des Gens, sogenannte ‚Double Merles' oder homozygote Merles, sind jedoch mit einem erhöhten Risiko für Taubheit und/oder Blindheit verbunden. Manchmal können Double Merles durch übermäßiges Weiß in nicht standardmäßigen Körperbereichen identifiziert werden. Dies ist jedoch keine festgelegte Regel. Oft kann zusätzliches Weiß durch andere Gene verursacht werden, die keine gesundheitlichen Auswirkungen auf den Hund haben.

Rassetypisches Verhalten & Wesen

„Miniature American Shepherds gehören zu den treuesten Rassen, die du finden kannst. Sie binden sich außerordentlich gut an ihren Menschen und sind großartige Begleittiere. Die Intelligenz dieser Rasse ist phänomenal, was sie zu einer ausgezeichneten Wahl bei der Rasseauswahl macht."

Robert Kidd

Kidd's Toy Americans

Miniature American Shepherds sind sehr liebevolle Begleiter für ihre Besitzer und Familien. Sie fühlen sich rundum wohl, wenn sie neben ihrem Besitzer zusammengerollt liegen können.

Lebhaft und verspielt halten Miniature American Shepherds den ganzen Tag mit aktiven Kindern mit und sind ideale Lauf- und Wanderbegleiter für sportliche Haushalte. Aber wenn diese arbeitswütigen Hunde nichts haben, was sie beschäftigt, werden sie sich eine Aktivität suchen, um all diese Energie loszuwerden, was destruktive Gewohnheiten wie Graben und Kauen einschließen kann.

Sie sind schlau, geschäftig und hochintelligent und benötigen ein erhebliches Maß an Training und Grenzsetzung von ihren Besitzern. Wenn

Foto Von
Lindsey Condra
Stillwater Ranch Kennel

sie sich langweilen oder nicht trainiert werden, können sie in Schwierigkeiten geraten.

Einige Menschen befürchten, dass diese Rasse Kinder anschnappen könnte. Mini Americans haben wie jede Hüterasse aufgrund der Arbeit für die sie instinktiv gezüchtet wurden, eine Tendenz zum Jagen. Diese ist das Zusammentreiben und Lenken von Vieh auf Bauernhöfen. Viele erfüllen diese Funktion auch heute noch.

Wie bei jedem Merkmal gibt es unterschiedliche Ausprägungen des Triebs. Mit der richtigen Passung und gutem Training sollte unerwünschtes Verhalten beherrschbar sein.

In diesem Sinne sollten Besitzer jeder Hüterasse planen, sich dem Training ihres Hundes in akzeptablem Verhalten zu widmen und bei Bedarf zu korrigieren.

Miniature Americans können sehr beschützend gegenüber ihren Besitzern sein. Der Rassestandard laut FCI/VDH besagt eindeutig, dass sie im Allgemeinen „Fremden gegenüber zurückhaltend" sind.

Dies verweist auf ihre historische Nutzung auf Ranches zurück, wo Sicherheit und Schutz der Herde und Familie von größter Bedeutung waren.

Als Hütehunde von Natur aus hüten Mini Americans Rinder, Ziegen, Schafe und Geflügel. Wenn diese Tiere plötzliche Bewegungen machen oder weglaufen, jagen sie ihnen instinktiv nach.Es ist sogar bekannt, dass Miniature Americans über den Rücken einer dicht gedrängten Herde dieser Tiere springen und laufen, anstatt sie zu umgehen, wenn dies der schnellste Weg ist, ein verirrtes Tier abzuschneiden und zur Herde zurückzuführen.

Ist ein Miniature American Shepherd das Richtige für dich?

Einen neuen Hund oder Welpen zu haben, sollte eine freudige Angelegenheit sein. Bevor du einen Miniature American Shepherd kaufst oder adoptierst, stelle sicher, dass du die Rasse unterbringen kannst und dass sie gut zu dir passt. Mini Americans sind äußerst beliebt geworden, aber sie sind nicht für jeden geeignet.

Es gibt Vor- und Nachteile, einen Miniature American Shepherd zu haben. Sie sind gehorsame und intelligente Begleiter und tendieren dazu, ihrem Besitzer gefallen zu wollen. Du wirst in der Lage sein, deinem Hund alle möglichen Tricks beizubringen, aber du könntest feststellen, dass ein schlagfertiger Mini American etwas, das du ihm beigebracht hast, gegen dich verwenden könnte!

Der Mini American ist eine wunderbare Wahl, wenn du eine Familie hast. Aufgrund seines Energieniveaus kann der Hund problemlos mit Kindern mithalten. Er wird sehr liebevoll und vorsichtig mit deinen Kindern umgehen. Ein Miniature American Shepherd wird sich zudem, unabhängig von seiner kleinen Statur, loyal und beschützend dir und deinem Kind gegenüber verhalten. Jedoch musst du sicherstellen, dass du deinem Hund akzeptables Verhalten in der Familie beibringst.

Während das Energieniveau des Mini American ihn zu einer wunderbaren Wahl für Familien mit Kindern und Personen mit einem aktiven Lebensstil machen kann, kann es riskant für diejenigen sein, die eher sesshaft sind. Wenn du lange arbeitest und dich gerne auf der Couch entspannst, möchtest du dich vielleicht nicht mit einem gelangweilten Hund rumschlagen müssen, der dein Zuhause verwüstet, deine Nachbarn stört, aus deinem Garten ausbricht und andere unerwünschte Verhaltensweisen entwickelt.

Zudem ist es wichtig zu erkennen, dass die Pflege des Doppelfells deines Mini American zeitintensiv sein kann. Du musst die geeigneten Werkzeuge kaufen, um es zu pflegen, und wenn du es versäumst, deinen Hund regelmäßig zu bürsten, wird sein Fell verfilzen und der saisonale Fellwechsel schwieriger. Du solltest auch prüfen, ob sich Gras, Blätter, verirrte Zweige und Kot in dem Fell deines Hundes verfangen haben.

Bevor du einen Mini American anschaffst, solltest du dir die folgenden Fragen stellen:

- Kann ich mit einem energiegeladenen, geschäftigen Hund umgehen?
- Habe ich Zeit für einen Hund, der regelmäßig bewegt werden muss?
- Habe ich Zeit, einen Hund zu trainieren?
- Ist es für mich in Ordnung, eine langhaarige, doppelt behaarte Rasse zu pflegen?
- Möchte ich einen Hund, der drinnen oder draußen lebt?
- Brauche ich eine kleinere Rasse?
- Möchte ich einen beschützenden Hund?
- Bin ich bereit, eine 11- bis 15-jährige Verpflichtung einzugehen, einen Hund großzuziehen?
- Bin ich bereit, einen Hund zu trainieren, der intelligent ist und gelangweilt und destruktiv wird, wenn er nicht richtig versorgt wird?

KAPITEL 2
Einen Miniature American Shepherd auswählen

Kaufen oder Adoptieren

Es gibt sowohl Vor- als auch Nachteile beim Kauf eines Miniature American Shepherds von einem Züchter und bei der Adoption aus einem Tierheim oder einer Rettungsorganisation. Der Kauf kann eine gute Option sein, wenn du einen ausstellungsfähigen Hund möchtest oder einen Welpen von klein auf aufziehen willst. Einen Hund aus dem Tierheim zu holen oder von einer Rettungsorganisation zu adoptieren ist eine großartige Möglichkeit, einem Hund zu helfen, der eine liebevolle Familie braucht.

Der Kauf eines Hundes kann teurer sein als eine Adoption, aber dafür hast du in der Regel mehr Informationen über den Hintergrund des Hundes.

Einer der größten Vorteile beim Kauf eines Hundes von einem seriösen Züchter ist die genetische Stabilität. Der Züchter kann dir Auskunft über die Abstammungslinien des Hundes geben. Er sollte wissen, ob es gesundheit-

*Foto Von
Lindsey Condra
Stillwater Ranch Kennel*

liche Probleme in der Vorgeschichte des Welpen gibt oder andere genetische Besonderheiten zu beachten sind. Verantwortungsvolle Züchter führen außerdem umfangreiche Gesundheitstests durch, um die gesündeste Kombination von Elterntieren zu finden. Dazu gehören genetische Untersuchungen, Augenuntersuchungen durch Fachtierärzte für Augenheilkunde und Röntgenaufnahmen der Gelenke, die von einem Gremium aus Veterinärspezialisten begutachtet werden.

Die Adoption eines Hundes kann etwas günstiger sein. Wenn du dich für eine Adoption entscheidest, kannst du möglicherweise einen Miniature American Shepherd für nur 40 Euro in einem örtlichen Tierheim finden. Bei einer Rassehunde-Rettungsorganisation könntest du immer noch mit mindestens 200 Euro rechnen. Obwohl diese Hunde eventuell registriert sind, landen Hunde von seriösen Züchtern normalerweise nicht in Rettungsorganisationen. Züchter haben häufig Klauseln in ihren Kaufverträgen, die besagen, dass sie Hunde zurücknehmen, wenn die Besitzer nicht mehr für sie sorgen können.

Es ist jedoch wichtig zu verstehen, dass die Entscheidung zwischen Kauf und Adoption über finanzielle Aspekte hinausgeht. Während der Kauf sicherstellen kann, dass dein Hund näher am Rassestandard liegt, halten manche Züchter keine artgerechten Bedingungen ein und züchten Hunde rein gewinnorientiert, ohne sich um die Rasse, den Rassestandard oder die Qualität ihrer Hunde zu kümmern. Wenn du dich für den Kauf entscheidest, wähle unbedingt einen seriösen Züchter, der freundlich und sachkundig ist und sich wirklich um seine Tiere kümmert.

Andererseits kann die Adoption oder Rettung eines Hundes einem vernachlässigten oder misshandelten Miniature American eine zweite Chance im Leben geben. Viele Menschen sind begeistert von der Aussicht, einen niedlichen neuen Welpen nach Hause zu bringen, weshalb ältere Hunde oft Schwierigkeiten haben, ein Zuhause zu finden. In manchen Tierheimen werden Hunde, die kein Zuhause finden können, eingeschläfert. Sei dir aber auch bewusst, dass du bei einem Hund aus einer Rettungsorganisation in der Regel eine unbekannte Vorgeschichte hast – sowohl was das Verhalten als auch die genetische Geschichte betrifft. Du solltest vollständig bereit dafür sein, dich dem Hund zu widmen und mit allen Verhaltens- oder Gesundheitsproblemen umzugehen, die nach der Adoption auftreten könnten.

Bei der Entscheidung zwischen Kauf und Adoption können die Finanzen eine offensichtliche Hürde sein, aber du solltest dich auch fragen, was dir bei einem Hundebegleiter am wichtigsten ist und ob du die Zeit und Energie hast, einen Hund von Welpenalter an zu erziehen. Die Anschaffung des Hundes ist der günstigste Teil der Haustierhaltung.

Foto Von Kristen Boyd

Tipps für die Adoption eines Mini American

Die Adoption eines Miniature American Shepherds kann sich stark vom Kauf eines Welpen bei einem Züchter unterscheiden. Wenn du einen Hund adoptierst, könnte er mit einer anderen Rasse gemischt sein, anstatt reinrassig zu sein. Angesichts der Beliebtheit von Mini Americans ist es unwahrscheinlich, dass du einen Welpen im Tierheim oder zur Adoption findest. Sei darauf vorbereitet, aus erwachsenen Hunden zu wählen.

- In Deutschland gibt es spezialisierte Organisationen für Australian Shepherds und verwandte Rassen. Der Miniature American Shepherd Club Europe (MASCE) unter https://www.masce.de und der Club für

Australian Shepherd Deutschland (CASD) unter https://www.casd-auss-ies.de können hilfreiche Ressourcen für potenzielle Besitzer sein, die sich für einen Shepherd interessieren. Diese Organisationen haben oft Kontakte zu seriösen Züchtern und können bei der Vermittlung von Hunden in Not helfen.

- Besuche ein örtliches Tierheim. Obwohl es selten ist, einen Mini American in einem Tierheim zu finden, ist es möglich, dass dein perfekter Vierbeiner irgendwo in der Nähe auf ein Zuhause wartet.

- Schau online, in Zeitungen oder anderen Kleinanzeigen nach, ob es Besitzer gibt, die ihre Haustiere abgeben müssen, weil sie umziehen oder nicht mehr für sie sorgen können.

- Suche im Internet nach Miniature American-Rettungsorganisationen in deinem Bundesland oder in angrenzenden Bundesländern.

- Erkundige dich bei lokalen Zoofachgeschäften wie Fressnapf oder Futterhaus und besuche sie an Adoptionstagen.

- Kontaktiere deine örtlichen Tierarztpraxen, da sie dir möglicherweise helfen können, einen Hund zu finden.

- Wenn du einen Hund aus einem Tierheim adoptierst, achte auf seine Vorgeschichte, falls diese bekannt ist. Manchmal ist es schwer zu wissen, welchen Hintergrund ein Hund hat. Es ist jedoch wichtig, im Voraus zu wissen, ob der Hund kinderfreundlich ist und sich mit deinen anderen Haustieren versteht – denn das sind entscheidende Faktoren dafür, ob er zu dir und deiner Familie passt. Stelle sicher, dass der Hund keine zugrunde liegenden gesundheitlichen Probleme hat. Wenn der Hund Probleme hat, musst du bereit sein, diese auf eigene Kosten zu behandeln.

Registriert oder ohne Papiere

„Wähle einen Züchter oder eine Rettungsorganisation, die bereit ist, alle deine Fragen zu beantworten und alle Gesundheitstestinformationen der Elterntiere sowie die bisherigen Gesundheitsakten der Welpen vorzulegen. Ein guter Züchter wird immer involviert bleiben wollen und weiterhin als Ansprechpartner zur Verfügung stehen, während der Welpe heranwächst.“

Ashley Bryan
Ashley's Americans

Beim Kauf eines Miniature American Shepherds solltest du einen klaren Zweck im Sinn haben. Wenn du einen Hund möchtest, der an Hundeausstellungen oder irgendeiner Art von verbandsanerkannten Wettbewerben wie Agility, Rally oder Flyball teilnehmen kann, oder wenn du planst, deinen Hund nach Verbandsstandards zu züchten, oder die Abstammung deines Welpen kennen möchtest, dann ist der Kauf eines Welpen mit VDH-Registrierungspapieren wichtig. Hunde mit VDH-Papieren kommen oft mit Garantien, und es

Foto Von
Mande Tharpe

gibt einige Veranstaltungen, an denen nur registrierte Hunde teilnehmen können. Beachte, dass der Kauf eines Welpen mit VDH-Papieren möglicherweise teurer ist als der Kauf eines Hundes ohne Papiere.

In Deutschland erfolgt die offizielle Registrierung über den Verband für das Deutsche Hundewesen (VDH) unter https://www.vdh.de/. Der Club für Australian Shepherd Deutschland (CASD) unter https://www.casd-aussies.de ist der offizielle VDH-Zuchtverein für den Miniature American Shepherd in Deutschland. Seit Mai 2019 ist die Rasse beim VDH und seit September 2019 bei der FCI anerkannt.

International sind viele Miniature Americans weiterhin bei amerikanischen Verbänden wie dem Australian Shepherd Dog Registry (ASDR), Miniature Australian Shepherd Club of America (MASCA) oder National Stock Dog Registry (NSDR) registriert. Der 1978 gegründete NSDR war einer der ersten Vereine in den Vereinigten Staaten, der die Rasse (damals noch als Miniature Australian Shepherd) anerkannte.

Wenn du nur einen Hund als Begleiter möchtest, kann es trotzdem vorteilhaft sein, VDH-Registrierungspapiere für deinen neuen Miniature American zu haben, um den Besitz des Hundes oder die Rasse nachzuweisen, wie beim Reisen oder Mieten.

Einen seriösen Züchter finden

„Wähle niemals einen Welpen anhand eines Fotos aus. Triff den Züchter und sieh dir an, wo die Welpen aufgezogen werden."

Cindy Harris
Rocky Top Kennels

Es ist wichtig, bei der Suche nach einem Miniature American Shepherd-Züchter wählerisch zu sein. Eine Möglichkeit, einen seriösen Züchter zu finden, besteht darin, Bekannte zu konsultieren, die in der Vergangenheit Mini Americans gekauft haben, und sie zu fragen, ob sie einen Züchter empfehlen können. Sie können dich an jemanden verweisen, mit dem sie positive Erfahrungen gemacht haben, oder dich vor unzuverlässigen Quellen warnen.

Foto Von
Linda Overbay

Rasseverbände haben oft Züchterverzeichnisse auf ihren Websites. Diese sind ebenfalls gute Ausgangspunkte, um mit der Recherche nach Züchtern in deiner Region zu beginnen.

Ein Wort der Vorsicht, wenn du einen Welpen online kaufst, ohne ihn vorher gesehen zu haben: Wenn du eine Vereinbarung mit einem Züchter triffst, sei sorgfältig bei deiner Recherche und informiere dich über den Ruf des Verkäufers, entweder indem du mit anderen sprichst, die in der Vergangenheit mit ihnen zusammengearbeitet haben, oder indem du andere vertrauenswürdige Quellen konsultierst.

Scheue dich nie davor, deinem Züchter Fragen über den Welpen zu stellen, den du kaufen möchtest und frage nach Fotos der Welpen, wenn du ihn nicht persönlich sehen kannst.

Bedenke: nur weil ein Züchter dir nicht erlaubt, zu seinem Haus oder Zwinger zu kommen, um den Welpen zu treffen, bedeutet das nicht, dass er nicht seriös ist. Zu ihrer eigenen Sicherheit, der Sicherheit der Welpen und anderer Hunde, wie z.B. Biosicherheitsrisiken, erlauben viele Züchter keine persönlichen Besuche mehr. Aber sie sollten sehr offen sein und bereitwillig Fragen beantworten!

Züchterverträge & Garantien

„Ich würde dir raten, sicherzustellen, dass 1) die Eltern gesundheitlich getestet wurden und frei von genetischen Krankheiten sind, 2) du die Eltern des Welpen sehen darfst und dass nicht beide Merle sind, da dies bei den Merle-Welpen Blindheit und Taubheit verursachen kann, und 3) der Züchter eine Gesundheitsgarantie für seine Welpen anbietet, damit dein Tierarzt den Gesundheitszustand beurteilen kann."

Cayla Cox
CC Miniature American Shepherds

Wenn du einen registrierten Welpen kaufst, werden viele, aber nicht alle seriösen Züchter dich bitten, einen Vertrag zu unterschreiben. Der Vertrag enthält in der Regel deinen Kaufbeleg und einen Antrag an den Verband, bei dem der Welpe registriert ist.

Anträge auf Registrierung sollten das Geburtsdatum deines Welpen, den Vater und die Mutter deines Welpen, die Färbung deines Welpen, das

Foto Von
Susan Hawkins

Geschlecht deines Welpen und andere Informationen über seine identifizierenden Merkmale enthalten.

Wenn dein Ziel ist, deinen Welpen zu züchten, wenn er älter ist, lies den Vertrag unbedingt gründlich durch. Viele verantwortungsvolle Züchter nehmen Bestimmungen auf, dass ein von ihnen gekaufter Welpe nicht zur Zucht verwendet werden darf. Verantwortungsvolle Züchter verstehen, dass nicht jeder bereit ist, die Arbeit und Bildung zu leisten, um gesunde, strukturell einwandfreie Hunde zu züchten. Eine eingeschränkte Registrierung oder „nur als Haustier" dient dazu, den Rassestandard zu erhalten.

Sobald die Bedingungen festgelegt sind, wird der Züchter dir im Normalfall eine unterschriebene Kopie des Vertrags geben. Die Registrierungspapiere für den Welpen können dir entweder ausgehändigt werden, oder der Züchter reicht sie beim entsprechenden Verband ein, um sicherzustellen, dass sie korrekt eingereicht werden. Beachte, dass der Verband in der Regel eine Gebühr für die Registrierung deines Welpen erhebt.

Gesundheitszertifikate

Ein Welpe, der vom Züchter als „gesundheitszertifiziert" bezeichnet wird, ist mit seinen aktuellen Impfungen auf dem neuesten Stand. Das bedeutet, dass der Welpe vom Tierarzt des Züchters untersucht und als gesund eingestuft wurde. Einige Gesundheitsgarantien enthalten eine Klausel, die gegen den Tod deines Welpen schützt. Gesundheitsgarantien von Züchtern variieren stark von Züchter zu Züchter. Diese Garantien decken typischerweise keine Todesfälle ab, die durch Fahrlässigkeit oder Vernachlässigung verursacht werden, wie z.B. mangelnde Pflege des Hundes, wenn der Hund von einem Fahrzeug angefahren wird oder wenn der Welpe nicht geimpft wird.

DNA-Tests

Ein Züchter kann einen DNA-Test an einem Wurf von Welpen durchführen lassen und die Ergebnisse in die Welpenunterlagen für die neuen Besitzer aufnehmen. DNA-Tests sind eine sehr gängige Praxis und nicht übermäßig teuer für eine Reihe von Krankheiten, die in der Mini American-Rasse vorkommen. Der häufigste DNA-Test ist der Gentest, der normalerweise mit einem einfachen Abstrich der Wange des Welpen durchgeführt wird. Dies geschieht, um zu vermeiden, dass in Zukunft Welpen mit genetischen Krankheiten gezüchtet werden.

Ein weiterer, nicht krankheitsbezogener Grund für einen DNA-Test bei einem Welpen ist der Nachweis der Elternschaft.

GRSK-Augenuntersuchungen

Die Gesellschaft für Röntgendiagnostik genetisch beeinflusster Skeletterkrankungen bei Kleintieren e.V. (GRSK) bietet Augentests an, die in Verbindung mit dem Companion Animal Eye Registry (CAER) stehen. Ein zugelassener Fachtierarzt für Augenheilkunde führt eine Reihe von Tests an Welpen im Alter von etwa 16 Wochen oder älter durch. Diese Tests dauern etwa 30-40 Minuten und dienen dazu, festzustellen, ob ein Welpe an Sehverlust erleidet oder ob er ein Risiko hat, in Zukunft einen Teil oder sein gesamtes Sehvermögen zu verlieren. Dies wird auch häufig bei Hunden durchgeführt, die Teil eines Zuchtprogramms sind.

GRSK-orthopädische Untersuchungen

Die GRSK führt zudem eine offizielle Datenbank und Gremien von Veterinärspezialisten, die eingereichte Hüften-, Ellbogen- und andere Gelenkröntgenbilder auswerten. Es gilt als gute Praxis, dass potenzielle Zuchttiere vor ihrer Zulassung erfolgreiche Bewertungen nachweisen können.

Eine Abstammungslinie voller gesunder Hüften garantiert zum Beispiel nicht, dass dein neuer Welpe niemals eine Hüftdysplasie bekommen wird. Aber es gibt ihm oder ihr die beste Chance.

Den richtigen Welpen auswählen

„Wenn du zu einer Rettungsorganisation gehst, versuche, den Hund eine Woche lang zur Probe zu halten, bevor du dich festlegst, und lass einen Tierarzt eine Gesundheitsuntersuchung durchführen. Es ist wichtig sicherzustellen, dass ein älterer Hund gut zu deiner Familie passt."

Ginny DeLeon
Broken D Bar Ranch

Bei der Auswahl eines Welpen ist es wichtig, einen zu finden, dessen Persönlichkeit zu deinem Lebensstil passt. Mini Americans haben verschiedene Energie- und Triebstufen, auch Hütetrieb genannt. Wenn du einen schnelllebigen Lebensstil führst und viel Zeit im Freien verbringst, dann wird ein aktiver Welpe gut zu dir passen. Wenn du jedoch ein ruhiges Leben führst oder kleine Kinder hast, solltest du vielleicht einen Hund wählen, der etwas weniger aufgeregt ist. Wenn du besonders gesellig bist und oft Gäste empfängst, sei vorsichtig bei der Wahl eines scheuen Welpen, der möglicherweise Schwierigkeiten hat, sich an einen Zustrom neuer Menschen anzupassen, und der möglicherweise aggressiv gegenüber Fremden wird, wenn er heranwächst. Sei dir auch des Rassestandards bewusst und verstehe, dass die Akzeptanz gegenüber Fremden bei dieser Rasse nicht nur genetisch und charakterlich bedingt ist, sondern auch stark vom Training abhängt.

Bevor du dich entscheidest, solltest du die Welpen in ihrem natürlichen Verhalten erleben – es sei denn, dein Züchter trifft die Wahl für dich basierend auf eurer ausführlichen Besprechung von Charakter und Energiebedarf. Du solltest einen Tag wählen, der sowohl für dich als auch für deinen Züchter passt, und Zeit damit verbringen, den Wurf zu beobachten und mit ihm zu sozialisieren. Denke daran, dass nicht alle Züchter aus gesundheitlichen und sicherheitstechnischen Gründen Besucher zum Wurf zulassen. Wenn dies der Fall ist, frage deinen Züchter nach einem Telefonat oder Video-Chat mit dem Wurf. Dies wird dir helfen, die einzigartigen Komponenten der Persönlichkeit jedes Welpen zu sehen. Züchter, die sich dafür einsetzen, ein gutes Zuhause für ihre Welpen zu finden, werden kein Problem damit haben, wenn du die extra Meile gehst. Gehe jedoch immer respektvoll mit ihrer Zeit um.

KAPITEL 3
Willkommen, Mini American! – So machst du dein Zuhause bereit

„Sorge für einen sicheren, gut eingezäunten Garten und einen warmen Schlafplatz (am besten neben deinem Bett). Als Züchterin gebe ich immer ein Spielzeug, ein gutes Geschirr mit Leine, eine kleine Tüte ihres Welpenfutters, Leckerlis und ein paar Welpenunterlagen mit. Es ist wichtig, dass sie sich in ihrer neuen Umgebung wohlfühlen, und zögere nicht, dem Züchter alle Fragen zu stellen, die du hast.“

Ginny DeLeon
Broken D Bar Ranch

Deine Familie auf das neue Familienmitglied vorbereiten

Foto Von
Cindy Jacobson

Wenn dein neuer Miniature American Shepherd der erste Hund ist, den deine Familie besitzen wird, gibt es einige Themen, die ihr gemeinsam besprechen solltet. Es ist beispielsweise wichtig, kleinen Kindern zu erklären, dass Welpen empfindlich sind und sehr behutsam behandelt werden müssen. Es kann hilfreich sein, vorab Zeit mit einem befreundeten Welpenbesitzer zu verbringen, damit deine Kinder schon vor dem Einzug eures Hundes erste Erfahrungen im Umgang mit Welpen sammeln können.

Ebenso wichtig ist es, deine Familie auf die Pflichten vorzuberei-

*Foto Von
Carolina Jones*

ten, die mit dem Besitz eines Hundes verbunden sind. Es ist immer ratsam, die Verantwortung innerhalb der Familie klar aufzuteilen. Ein einfacher Plan hilft dabei festzulegen, wer den Welpen täglich füttert, mit Wasser versorgt, mit ihm Gassi geht, sauber macht und mit ihm spielt. So stellst du sicher, dass dein neuer Welpe all die Aufmerksamkeit und Pflege bekommt, die er verdient.

Wenn du bereits Haustiere hast, ist es wichtig, sie auf die Veränderung vorzubereiten. Anstatt deinen Hund direkt mit dem neuen Welpen bekannt zu machen, kannst du zunächst ein Handtuch oder eine Decke mit dem Geruch des neuen Welpen verwenden, damit dein Hund sich mit dem Duft seines neuen Geschwisterchens vertraut machen kann. Es kann auch hilfreich sein, die Hunde an einem „neutralen" Ort zusammenzuführen, falls dein Hund zu Territorialverhalten neigt. Vor allem ist es wichtig, dass du selbst ruhig bleibst – dein Hund hat viel Zeit mit dir verbracht und wird deine Angst und Nervosität spüren.

Führe sie schrittweise zusammen und erlaube keinen direkten Kontakt mit dem Welpen oder Hund, bis sie sich wohlzufühlen scheinen. Schenke dem neuen Familienmitglied nicht zu viel Aufmerksamkeit und vergiss nicht, deine anderen Haustiere einzubeziehen. Genau wie Kinder können auch Haustiere eifersüchtig aufeinander werden, wenn du nicht aufpasst. Manchmal hilft es, immer zuerst mit den älteren Haustieren zu arbeiten. Maßnahmen wie das Betreten des Hauses vor dem Welpen oder das Füttern vor ihm haben in manchen Situationen dazu beigetragen, Eifersucht zu vermeiden

Gefährliche Gegenstände, die weggeschlossen werden sollten

„Bereite dich vor wie für ein Kleinkind. Räume alles weg, was sie in den Mund nehmen könnten, und sichere Kabel, damit sie nichts herunterziehen können."

Gail Claborn
Circle 5 Americans

Es gibt viele alltägliche Haushaltsgegenstände, die für Hunde gefährlich, giftig oder sogar tödlich sein können. Als neuer Tierbesitzer liegt es in deiner Verantwortung zu wissen, was für dein Haustier sicher ist und was nicht. Zu den gefährlichsten Produkten in deinem Zuhause gehören menschliche Nahrungsmittel, Reinigungsmittel, Insektizide und verschreibungspflichtige Medikamente.

Menschliche Nahrungsmittel, die vermieden werden sollten

So sehr wir unsere Haustiere auch verwöhnen möchten, müssen wir verstehen, dass sie nicht immer alles bekommen können, was sie wollen. Hunde sind dafür bekannt, um das leckere menschliche Essen zu betteln, das wir zubereiten. Manche Hunde würden es lieber verschlingen als ihr Tierfutter zu fressen. Leider können einige dieser köstlichen Lebensmittel, die wir Menschen genießen, für unsere Hunde unglaublich gefährlich sein. Unten findest du eine Liste einiger Lebensmittel, die du deinem Haustier nicht geben solltest. Weitere Informationen findest du in Kapitel 7.

*Foto Von
Cindy Jacobson*

- Schokolade und Kaffee: Das Koffein aus diesen beiden Lebensmitteln kann bei Hunden zu Herz-, Nieren- oder Nervenproblemen führen. Eine Überdosierung von Schokolade kann zum schnellen Tod führen.

- Weintrauben: Weintrauben können bei deinem Welpen plötzliche Nierenprobleme oder Nierenversagen verursachen.

- Zwiebeln und Knoblauch: Zwiebeln und Knoblauch können dazu führen, dass die roten Blutkörperchen deines Hundes platzen.

- Avocados: Alle Teile dieser Frucht sind für Hunde giftig und können Magenprobleme verursachen.

- Alkohol: Ethanol in jeder Form von Alkohol (Bier, Wein, Sekt, Schnaps oder sogar Kochalkohol) ist für Hunde unglaublich giftig und kann tödlich sein.

- Xylit: Ein neuer Zuckerersatzstoff, der in vielen Lebensmitteln vorkommt – gut für deine Diät, aber extrem giftig für deinen Hund. Selbst kleine Mengen können Unterzuckerung, Krampfanfälle oder Leberversagen verursachen. Beachte, dass einige Erdnussbutter-Marken und Medikamente Xylit enthalten können.

- Fleisch: Du kannst deinem Hund gekochtes Fleisch geben. Es ist ratsam, es in kleinere Stücke zu schneiden, damit dein Hund nicht erstickt. Möglicherweise musst du auch Knochen entfernen, die in der Kehle deines Hundes stecken bleiben können, besonders bei Geflügel. Vogelknochen sind spröde und können in kleine, scharfe Stücke zersplittern.

Reinigungsmittel & Chemikalien, von denen du deinen Hund fernhalten solltest:

Haushaltsreiniger gehören zu den gefährlichsten Produkten in deinem Zuhause. Es ist wichtig, dass du diese Gegenstände weg oder hoch stellst damit dein Haustier sie nicht erreichen kann, oder in Bereichen aufbewahrst, die dein Haustier nicht betritt. Einige der Produkte, die du von deinem Hund fernhalten solltest, sind:

- Bleichmittel
- Waschmittel und Geschirrspülmittel-Pods
- Abflussreiniger
- Ofenreiniger

- Batterien
- Frostschutzmittel
- Düngemittel
- Rattengift
- Insektizide

Den Innenbereich für deinen Hund vorbereiten

Bei all dem Trubel rund um die Vorbereitung auf deinen neuen Mini American kann man leicht vergessen, wie wichtig ein sauberer und gemütlicher Bereich ist, in dem sich dein Welpe aufhalten darf. Es ist unglaublich wichtig, diesen Bereich vorzubereiten, bevor der Welpe ankommt.

Zudem solltest du entscheiden, ob dein Welpe im ganzen Haus herumlaufen darf oder ob du bestimmte Bereiche absperren möchtest. Du könntest beispielsweise Babygitter kaufen, um Grenzen zu setzen, wo der Welpe spielen und bei der Familie sein darf. Du solltest sicherstellen, dass der ausgewiesene Bereich keine gefährlichen Erstickungsgefahren birgt und alle Schränke geschlossen sind, sodass der Welpe keinen Zugang zu diesen Bereichen hat.

Du solltest damit rechnen, dass dein Welpe sehr neugierig sein und alles erkunden wollen wird. Anfangs solltest du Welpenunterlagen bereithalten und deinen Welpen genau im Auge behalten. Du solltest auch entscheiden, wo der Futter- und Wassernapf deines Welpen stehen soll. Am besten stellst du diese in einen Bereich ohne Teppich oder in die Nähe des Schlafplatzes deines Welpen.

Zusätzlich hast du die Möglichkeit, eine Transportbox für deinen Hund zu besorgen. Einige Besitzer befürchten, dass Boxen wie Käfige sind, die ihren neuen Welpen einsperren, aber mit dem richtigen Training haben Boxen tatsächlich den gegenteiligen Effekt. Eine Box kann ein sicherer, gemütlicher Ort für deinen neuen Mini American sein, ausgestattet mit Decken, Spielzeug und vertrauten Gerüchen. Wenn du deinen Hund in der Box fütterst, wird er positive Assoziationen mit ihr verbinden. Das kann dabei helfen, unruhige Nächte zu vermeiden, während du deinen Welpen stubenrein machst.

Außenbereiche vorbereiten

Unabhängig davon, ob dein Welpe hauptsächlich drinnen oder draußen leben wird, musst du der Vorbereitung des Lebensraums deines Haustieres gleiche Aufmerksamkeit schenken. In deinem Garten können viele Gefahren lauern. Stelle sicher, dass dein Zaun keine Löcher, scharfkantigen Bretter oder Metallteile aufweist. Welpen erkunden gerne und finden schnell Fluchtwege. Wenn du keinen Zaun hast, solltest du darauf vorbereitet sein, deinen Welpen an der Leine zu halten, damit er nicht auf die Straße läuft oder entkommt.

Außerdem solltest du sicherstellen, dass der Außenspielbereich deines Welpen frei von schädlichen Gegenständen oder Ablagerungen ist. Sammle zunächst kleine Steine oder Holzstücke auf, die dein Welpe verschlucken könnte oder an denen er ersticken könnte. Dann solltest du sicherstellen, dass dein Rasen gemäht ist, damit sich Insekten wie Flöhe und Zecken nicht vermehren. Wenn du gegen Insekten oder Unkraut sprühen willst, solltest du das einige Wochen vor der Ankunft deines Haustieres tun. Darüber hinaus könnte es eine gute Idee sein, alle Pflanzen oder Bäume in deinem Garten zu recherchieren, um sicherzustellen, dass sie für deinen Welpen nicht giftig sind.

Einige Beispiele für giftige Pflanzen sind:

- Rhododendron

- Azaleen

- Oleander

- Früchte wie Aprikosen oder Äpfel

- Nachtschatten

- Eibe (Taxus)

- Maiglöckchen

- Buchsbaum

Neben der Sicherstellung, dass dein Garten für deinen neuen Mini American sicher ist, solltest du auch darauf achten, dass ausreichend Schatten und eine Wasserquelle vorhanden sind. Außerdem sollte dein Hund sich nicht in stark frequentierten Bereichen aufhalten, in denen andere Hunde oder unvorsichtige Passanten deinem Welpen Schaden zufügen könnten. Bevor dein Welpe nach Hause kommt, solltest du sicherstellen, dass du die folgenden Dinge hast:

- Futternapf

- Das von deinem Züchter empfohlene Welpenfutter

- Wassernapf

- Transportbox oder Hundebett

- Zeitungen oder Welpenunterlagen

- Welpenspielzeug

- Hundegitter (wenn du keine Box hast)

- Mildes Welpenshampoo

KAPITEL 4

Deinen Miniature American Shepherd nach Hause bringen

„Der Umzug in ein neues Zuhause kann für einen Welpen stressig sein. Versuche, nicht alles in seinem Leben drastisch zu verändern. Frage den Züchter, wo der Welpe gehalten wurde, und versuche, einen ähnlichen Platz einzurichten. Bitte um eine Decke oder etwas, das nach seinem bisherigen Zuhause riecht, um den Übergang angenehmer zu gestalten. Verbringe viel Zeit mit deinem neuen Welpen, das hilft ihm, eine Bindung zu dir aufzubauen."

Robert Kidd
Kidd's American Sherpherds

Den Transport deines Hundes

Wenn du deinen neuen Welpen nach Hause bringst, sei es mit dem Auto oder dem Flugzeug, ist es wichtig sicherzustellen, dass dein Hund sicher und gut aufgehoben ist. Dein Welpe könnte in dieser neuen Umgebung nervös oder unwohl sein, und du solltest alles tun, um ihm zu helfen, ruhig zu bleiben.

Achte darauf, dass dein Welpe ordnungsgemäß mit einem Hundesicherheitsgurt angeschnallt, in einer Transportbox untergebracht oder anderweitig gesichert ist. Wenn du Decken und Spielzeug für deinen Welpen hast, lege diese mit ins Auto oder in die Box, damit sie ihm vertraut sind. Falls du kleine Kinder hast, sprich vorher mit ihnen darüber, dass es wichtig ist ruhig zu bleiben und nicht mit dem Welpen herumzutollen, bis er sich eingelebt hat. Du möchtest sicher, dass sich dein Mini American bei dir und deiner Familie sicher fühlt und nicht verängstigt ist.

Wenn ihr zu Hause ankommt, kann es verlockend sein, deinen neuen Welpen frei herumlaufen zu lassen. Stattdessen solltest du ihn zunächst mit der Box oder dem Bereich vertraut machen, den du für ihn eingerichtet hast, und sicherstellen, dass dieser als sicherer Rückzugsort für deinen neuen Welpen gilt. Denk daran, dass dein Welpe nach einer langen Fahrt im

Auto oder einem Flug wahrscheinlich sein Geschäft erledigen muss. Gib ihm daher draußen ausreichend Zeit, bevor du ihn ins Haus bringst.

Zudem ist es wichtig aufzupassen und vorsichtig zu sein, wenn du ihn in unbekannten Bereichen absetzt. Bis er vollständig geimpft ist, besteht das Risiko tödlicher Krankheitserreger wie Parvovirus. Du kannst nicht sehen, ob Viren oder Bakterien im Gras sind, daher ist es sehr wichtig, ihn nur an Orten abzusetzen, von denen du weißt, dass dort keine infizierten Hunde waren.

Die erste Nacht zu Hause

Du solltest einen Plan für die erste Nacht deines Welpen zu Hause haben. Die erste Nacht kann für euch beide sehr schwierig sein. Dein Welpe wird zum ersten mal in einer neuen Umgebung getrennt von seiner Mutter und seinen Geschwistern schlafen. Daher kann es sein, dass er winselt, kratzt oder bellt. Zu diesem Zeitpunkt solltest du entschieden haben, ob dein Welpe in einer Box, auf einem Hundebett oder in deiner Nähe schlafen wird.

Wenn du dich dafür entschieden hast, deinen Welpen nachts in eine Box zu legen, gibt es einige Dinge zu beachten. Du solltest damit rechnen, dass dein Welpe jault und heult, sobald du außer Sichtweite bist. Andererseits ist das Gute an einer Box, dass dein Welpe sicher untergebracht ist und nicht in gefährliche Situationen geraten oder an schädliche Produkte in deinem Zuhause gelangen kann.

Bevor du deinen Welpen in die Box setzt, stelle sicher, dass du die Box richtig zusammengebaut hast, damit sie nicht zusammenbricht oder auseinanderfällt. Achte dar-

Foto Von Stephanie Mendoza

35

*Foto Von
Anna-Marie Gooch*

auf, dass die Box die richtige Größe für deinen Hund hat und ihm genügend Platz zum Stehen und Umdrehen bietet, ohne übermäßig geräumig zu sein. Lege eine weiche Matte oder Decke in den vorderen Teil der Box, damit dein Welpe einen weichen und warmen Platz zum Liegen hat. Im hinteren Teil der Box kannst du entweder Zeitungspapier oder Welpenunterlagen auslegen, falls dein Welpe nachts sein Geschäft erledigen muss. Wenn du dafür sorgst, dass dein neues Familienmitglied warm, trocken und bequem liegt, wird die erste Nacht für euch beide angenehmer. All das sollte bereits vor der ersten Nacht deines Welpen zu Hause vorbereitet sein.

Wenn du dich dafür entschieden hast, deinen neuen Miniature American Shepherd Welpen in einem Welpenbett schlafen zu lassen, könnte eine herausforderndere Nacht auf dich zukommen. Ein Hundebett bietet deinem Welpen zwar Komfort, doch erfahrungsgemäß musst du ihn häufig zurücklegen, da er lieber in deiner Nähe schläft. Du solltest zudem im Kopf behalten, dass der Welpe weglaufen könnte während du einschläfst. Das könnte problematisch sein, wenn dein Welpe an herumliegende Haushaltssubstanzen gerät, nachts auf die Toilette muss oder beschließt, deine neuen Hausschuhe zu zerfetzen.

Du und deine Familie solltet euch eine Regel überlegen, damit ihr sicherstellen könnt, dass euer neuer Welpe nachts die Möglichkeit hat sein Geschäft draußen zu erledigen. Ihr könnt euch beispielsweise abwechseln, indem ihr einen Wecker für bestimmte Zeiten in der Nacht stellt, oder einfach auf das Winseln eures Welpen hört. Wichtig ist jedoch, dass du nicht jedes Mal aufstehst, um deinen Hund zu trösten, wenn er bellt oder jault. Dein Mini American braucht Zeit, um sich an sein neues Zuhause zu gewöhnen. Wenn du ihn jedoch jedes Mal tröstest, sobald er Geräusche macht, kann das dazu führen, dass er lernt, nachts laut zu sein, anstatt zu schlafen. Es mag grausam erscheinen, deinen neuen Welpen zu ignorieren, wenn du weißt, dass er einsam oder verwirrt sein könnte, aber eine konsequente Hand ist genauso wichtig wie eine liebevolle.

Einen Tierarzt auswählen und der erste Tierarztbesuch

Eine der wichtigsten Entscheidungen, die du für deinen Mini American triffst, ist die Wahl eines Tierarztes. Wenn du in der Vergangenheit bereits andere Hunde hattest und bereits eine etablierte Beziehung zu einem örtlichen Tierarzt hast, bist du auf dem richtigen Weg. Wenn dies jedoch dein erster Welpe ist, gibt es Möglichkeiten, den richtigen Tierarzt für dich und deinen Hund zu finden.

*Foto Von
Lindsey Creal*

Bei der Suche nach einem Tierarzt kannst du andere Hundebesitzer in deiner Nähe, das Tierheim, aus dem du adoptiert hast, oder den Züchter, bei dem du deinen Hund gekauft hast, um Empfehlungen bitten. Eine weitere Möglichkeit, Tierärzte zu recherchieren, ist die Suche im Internet. Es ist wichtig sicherzustellen, dass dein Tierarzt von der Bundestierärztekammer (BTK) anerkannt ist. Indem du sicherstellst, dass sie akkreditiert sind, gewährleistest du, dass dein Haustier ein hohes Maß an Pflege erhält.

Was dich beim ersten Tierarztbesuch erwartet

Sobald du einen Tierarzt gefunden hast, solltest du basierend auf den Unterlagen des Züchters einen Termin vereinbaren, an dem die nächste Impfung deines Welpen fällig ist. Sei darauf vorbereitet, dass der erste Besuch länger dauern kann, da der Tierarzt möchte, dass du Formulare ausfüllst, um eine medizinische Vorgeschichte zu dokumentieren. Dein Tierarzt wird wahrscheinlich einige der folgenden Dinge tun:

- Das Herz deines Welpen abhören
- Deinen Welpen wiegen
- Einen Kottest durchführen, um auf Parasiten zu prüfen
- Notwendige Impfungen verabreichen
- Die Ohren, Nase, Mund und Augen des Welpen untersuchen
- Den Welpen auf Flöhe und Zecken untersuchen

Dein Tierarzt wird dich möglicherweise über das richtige Futter für deinen Welpen beraten. Er sollte in der Lage sein, ein gutes Ernährungs- und Bewegungsprogramm für dein neues Familienmitglied zu empfehlen. Vielleicht gibt er dir auch kostenlose Proben verschiedener Produkte und den Impfplan deines neuen Welpen.

Bei der Wahl eines Tierarztes gibt es viel zu bedenken. Professionalle Betreuung und eine freundliche Einstellung deines Tierarztes ist zwar essentiell, jedoch solltest auch prüfen, welche Betreuungspläne dein Tierarzt anbietet (einige bieten Mitgliedschaften oder monatliche Pakete an, die dir hohe Rabatte auf Medikamente und Untersuchungen gewähren) und ob sie Notfallsprechstunden haben.

Stelle immer sicher, dass du einen Notfallplan für deinen neuen Welpen hast. So wie du wahrscheinlich weißt, welches Krankenhaus dir am nächsten liegt, solltest du auch wissen, wohin du deinen Hund im Notfall bringen kannst.

Welpenkurse

Welpenkurse können eine großartige Möglichkeit sein, um eine Bindung zu deinem neuen Miniature American Shepherd aufzubauen. Da Welpenkurse unterschiedliche Altersgruppen berücksichtigen, wirst du sicher einen finden, der für dein neues Familienmitglied geeignet ist – unabhängig von seiner aktuellen Lebensphase.. Diese Kurse können einerseits deiner Familie helfen, eine gute Beziehung mit deinem Welpen aufzubauen und andererseits für deinen Welpen nützlich sein, damit er mit anderen Welpen und Hunden sozialisieren kann.

Welpenkurse können dir zudem dabei helfen, deinen Welpen auf den richtigen Weg zum frühen Gehorsamstraining zu bringen. Kursleiter können dir beibringen, deinem Welpen grundlegende Befehle beizubringen, beispielsweise wie man an der Leine läuft usw. Diese Fähigkeiten werden für dich und deinen Welpen in den kommenden Jahren entscheidend sein. Einige lokale Zoofachgeschäfte bieten Welpenkurse an, deren Zeitpläne meist

Foto Von
Carolina Jones

auf der Website stehen. Zusätzlich kannst du online nach Kursen von professionellen Trainern in deiner Nähe suchen, die oft besonders qualifiziert sind. Mini Americans sind hochintelligent und können sehr leicht zu trainieren sein. Der Nachteil ist, dass sie oft frech sind oder Grenzen testen – dein neuer Welpe wird sicherlich eine starke Persönlichkeit haben, also achte darauf, Verhaltensziele im Voraus festzulegen und daran festzuhalten.

Kostenaufstellung für das erste Jahr

Ein Haustier zu haben ist teuer. Du brauchst nicht nur das Geld, um deinen neuen Welpen oder Hund zu kaufen, sondern du musst auch für seine tägliche Pflege aufkommen. Darüber hinaus können unvorhergesehene Ausgaben wie Notfallbesuche beim Tierarzt oder Hundepension anfallen, wenn du unterwegs bist.

Hier ist eine grobe Übersicht der jährlichen Haustierkosten, die je nach Standort stark variieren können:

- Futter: 120€+
- Jährliche medizinische Untersuchungen: 235€
- Spielzeug und Leckerlis: 55€
- Hundesteuer: 15€
- Tierkrankenversicherung: 225€
- Sonstiges: 45€+
- Gesamtjahreskosten: 695€+

Laut einem Bericht von Finanzexperten könnten die Gesamtkosten für das erste Jahr eines Hundebesitzers bei etwa 1.270€ liegen.

KAPITEL 5
Welpeneltern sein

„Bei allen American Shepherds, sowohl bei erwachsenen Hunden als auch bei Welpen, sind die ersten Wochen eine Übergangszeit. Wundere dich nicht, wenn sie anfangs nicht viel fressen, und sei nicht frustriert, wenn es anfangs zu Unfällen kommt. Americans sind sehr intelligent, daher sollte es nicht lange dauern, bis sie die neue Routine und die neue Umgebung kennengelernt haben."

Cayla Cox
CC Miniature American Shepherds

Erwartungen setzen

Ein neuer Besitzer eines Miniature American Shepherds zu werden, kann sehr aufregend sein. Namen ausdenken, Spielzeug aussuchen, besondere Leckerlis besorgen und sich vorstellen, was du mit deinem Welpen alles unternehmen wirst, macht viel Spaß. Aber genau wie bei einem menschlichen Baby gibt es viel zu bedenken. Es ist wichtig, dass du von Anfang an entscheidest, welche Ziele du verfolgst.

Das Erste, was du verstehen musst, ist, dass du realistische Ziele und Erwartungen für dich und deinen neuen Welpen setzen solltest. Vielleicht bist du ganz begeistert davon, deinen Welpen zu trainieren, und denkst, dass er der nächste Star bei „Das Supertalent" oder der nächste Filmstar wird. Aber seien wir ehrlich: Der Hund kennt vielleicht noch nicht einmal seinen eigenen Namen, also nimm dir Zeit.

Einige mögliche realistische Ziele und Erwartungen wären:

- Grundlegende Manieren beibringen
- Nicht frustriert werden bei der Stubenreinheit
- Beginnen, deinen Hund zu sozialisieren
- Deinen Welpen dem Tierarzt vorstellen

Unerwünschtes Verhalten eindämmen

„Mini Americans sind natürliche Hütehunde und neigen dazu, etwas bissig zu sein. Du musst dieses Verhalten auf ein Spielzeug umlenken. Es ist niemals in Ordnung, wenn sie nach dir schnappen."

Gail Claborn
Circle 5 Americans

Sobald du ein Hundebesitzer wirst, wirst du definitiv feststellen, dass dein neues Familienmitglied einige schlechte Angewohnheiten mitbringt. Hunde haben Instinkte, die nicht immer vorbildlich sind, besonders in gemischter Gesellschaft. Es wird deine Aufgabe sein, diese Verhaltensweisen bei deinem neuen Miniature American Shepherd einzudämmen und ihm deine Erwartungen im Haus klarzumachen.

Betteln

Sei nicht überrascht, wenn dein Mini American Welpe ab und zu sein Futter verschmäht, wenn er Menschenessen riechen kann. Betteln um Futter kennt wohl jeder Hundebesitzer – und mal ehrlich, wer würde schon Hundefutter dem saftigen Steak vorziehen? Der Trick besteht darin, den traurigen Augen, die dir direkt in die Seele starren, nicht nachzugeben.

Hunde betteln auf verschiedene Arten. Manche Hunde werden dich einfach in der Hoffnung auf einen Bissen von deinem Teller anstarren. Andere sind noch weniger höflich und springen hoch, legen ihre Pfoten auf deinen Schoß oder Tisch und nehmen sich, was sie wollen. Sie können auch anhaltend winseln, ähnlich wie ein Kleinkind.

Es ist wichtig, dieses Verhalten frühzeitig zu korrigieren. Menschliches Essen ist in der Regel keine

Foto Von
Erynne Johnson

ausgewogene Ernährung für deinen Hund. Sicher, ein Stück Fleisch ab und zu wird nicht schaden, aber für die allgemeine Gesundheit deines Hundes ist es einfach besser, ihn bei seinem regulären Futter zu halten.

Miniature American Shepherds gehören zu den Hunderassen, die gerne viel Zeit in deinem persönlichen Raum verbringen. Daher wirst du wahrscheinlich früher oder später vor dieser Herausforderung stehen. Es gibt mehrere Möglichkeiten, deinem Hund dieses Verhalten abzugewöhnen. Ein einfacher Tipp, um das Betteln einzudämmen, ist sicherzustellen, dass dein Hund vor der Familienmahlzeit gefüttert wird. Auf diese Weise hat der Hund bereits gefressen und ist satt, wenn du deine Mahlzeit genießt.

Eine andere Alternative ist, einfach den Starrwettbewerb mit deinem Vierbeiner zu gewinnen. Egal wie sehr sie dich während deiner Mahlzeit anstarren, mache auf keinen Fall Augenkontakt. Irgendwann wird dein Hund verstehen, dass du ihm nichts vom Tisch geben wirst und dass seine Versuche vergeblich sind.

Am besten fütterst du deinen Hund gar nicht vom Tisch. Falls du es dir aber nicht verkneifen kannst, warte lieber, bis du mit dem Essen fertig bist, und gib das Futter dann in seinen Napf. Achte darauf, deinen Hund nicht zu ermutigen, sich am Tisch aufzuhalten, da dies ermüdend und frustrierend sein kann, wenn du Gäste hast.

Buddeln

Viele Hunde buddeln gern, und Miniature American Shepherds, die voller Energie stecken, sind da keine Ausnahme. Wenn sie draußen sind und sich langweilen, suchen sie sich oft ein Plätzchen mit Erde, um loszubuddeln. Achte darauf, dass die Stelle, die sie wählen, nicht in der Nähe eines Zauns oder einer anderen Barriere ist, unter der sie sich in die Freiheit graben könnten.

Es ist wichtig zu verstehen, dass Hunde aus instinktiven Gründen buddeln. Bei heißem Wetter graben Hunde beispielsweise, um an feuchte Erde zu gelangen und sich abzukühlen, indem sie sich in die Mulde legen. Hunde graben auch, wenn sie unterirdische Nagetiere wie einen Maulwurf oder Taschenratte riechen, um zu versuchen, das Ungeziefer zu fangen.

Es gibt einige Möglichkeiten, deinem Hund die Buddelgewohnheit abzugewöhnen. Wenn dein Hund gräbt, weil es ihm zu warm ist, solltest du ihm helfen, eine andere Möglichkeit zum Abkühlen zu finden. Stelle sicher, dass er einen schattigen Bereich und kühles, frisches Wasser zum Trinken hat. Du kannst deinem Hund auch einen Plastikpool besorgen, der in Geschäften während des Sommers für menschliche Kinder verkauft wird. Er wird es lieben, darin zu planschen.

Wenn dein Hund hinter Ungeziefer her ist, kannst du ihn vom Graben abhalten, indem du dein Nagetier-Problem in den Griff bekommst. Das Aufstellen von Fallen ist eine einfache Möglichkeit, Maulwürfe und Taschenratten zu fangen. Jedoch solltest du sicherstellen, dass dein Haustier keinen Zugang zu dem Bereich hat, wenn die Fallen aktiv sind. Zudem kannst du Köder für Nagetiere auslegen. Wenn du diese Methode verwendest, sei äußerst vorsichtig. Es ist wichtig, dass du deinen Hund von Ködern und Giften fernhälst, da die Aufnahme dieser Produkte für Hunde tödlich sein kann.

Wenn du dein Haustier draußen hältst und es sich aus seinem Gehege gräbt, gibt es Möglichkeiten, deinen Hund sicher drinnen zu halten. Eine Möglichkeit, wenn dein Hund in einem kleineren Raum ist, ist, ein Weidepaneel zu besorgen und einen Boden am unteren Ende des Geheges zu schaffen. Der Hund wird immer noch in der Lage sein, innerhalb der Quadrate zu graben, aber nicht nach draußen. Wenn dein Hund den Hof entlangläuft und an bestimmten Stellen nahe dem Zaun gräbt, ist es ratsam, diese Stellen zu identifizieren und dort gezielt Abschreckungsmittel einzusetzen, um das Graben zu verhindern. Es gibt eine Vielzahl von Produkten, von chemischen Sprays bis hin zu physischen Barrieren.

Unerwünschte Geräusche

Hunde setzen je nach Situation eine Vielzahl von Lauten ein. Zum Beispiel knurren sie, wenn sie sich bedroht fühlen. Ein Hund winselt, wenn er ängstlich, aufgeregt ist oder etwas möchte. Sie könnten auch dann Laute von sich geben, wenn sie ungewohnte Geräusche wie Sirenen hören, wenn sie einsam sind oder wenn sie auf Wildtiere wie Kojoten reagieren.

Ein gewisses Maß an Lärm ist von jedem Hund zu erwarten, aber wenn es übermäßig oder unbegründet ist, gibt es verschiedene Methoden, um es zu stoppen. Versuche, deinen Hund zu ignorieren, wenn er um Aufmerksamkeit winselt oder

Foto Von Haley Sullivan

bellt. Wenn sie merken, dass Geräusche nicht das gewünschte Ergebnis erzielen, werden sie oft aufhören.

Eine andere Möglichkeit das Bellen zu stoppen, ist, ihnen in einem sehr strengen Ton „Nein" zu sagen. Manche Haustiere sind gehorsam genug, dass sie dir gefallen wollen und demnach mit dem Bellen aufhören.

Was machst du also, wenn diese Methoden deinen Hund nicht davon abhalten, Lärm zu machen?

Glücklicherweise gibt es mehrere neue, technisch fortschrittlichere Möglichkeiten, das Problem anzugehen. Einige senden jedes Mal, wenn ein Hund bellt, eine hochfrequente, unangenehme Frequenz aus. Handgeführte Versionen können nicht nur zur Behebung von Bellproblemen, sondern auch für andere unerwünschte Verhaltensweisen wie Graben und Aggression verwendet werden.

Eine andere Option ist ein Elektro-Halsband, das dem Hund einen leichten elektrischen Impuls gibt. Viele Halsbänder haben die Einstellfunktion, nur einen Ton und nicht das physische Signal zu senden. Dieses Gerät funktioniert oft dann, wenn andere Mittel nicht funktionieren. Sie sollten jedoch nicht verwendet werden, um einen Hund zu bestrafen, sondern nur um unerwünschtes Verhalten deines Hundes einzudämmen. Viele bieten eine Handfernbedienung, die deinem Hund einen Warnton gibt, bevor ein Impuls ausgelöst wird, sodass dein Hund die Chance hat, sich selbst zu korrigieren. Einige Halsbänder können auch auf eine automatische Einstellung gesetzt werden, um schlechtes Verhalten deines Hundes zu verhindern, während du nicht anwesend bist.

Erwäge ein Gehorsamkeitstraining als Option, wenn du Schwierigkeiten hast, das Bellen deines Hundes zu kontrollieren. Miniature American Shepherds neigen dazu, bei Fremden zu bellen – daher können sowohl eine gute Sozialisierung als auch das Blockieren der Sicht auf die Straße wirksame Maßnahmen sein, um übermäßigen Lärm zu vermeiden.

Kauen

Wenn Hunde jung sind, durchlaufen sie eine Phase namens „Zahnen", während der sie an allem was sie finden kauen werden. Für Welpen ist die Welt völlig neu. Sie sind wie Kleinkinder, die alles anfassen und in den Mund nehmen wollen, ob sie hungrig sind oder nicht. Sie kauen an Dingen, weil es sich gut auf ihrem Zahnfleisch anfühlt, oder nutzen das Kauen als Spielform, wenn ihnen langweilig ist.

Hunde kauen auch, wenn sie ängstlich werden. Ein Hund kann im Auto nervös werden, wenn er Autofahrten mit dem Besuch beim Tierarzt verbindet. Hier hilft es, sein Lieblingsspielzeug mitzunehmen um die Angst zu lindern. Da dein Welpe möglicherweise ängstlich wird, wenn du zur Schule, zur Arbeit oder in die Stadt gehst, kann es hilfreich sein, das Kauverhalten frühzeitig zu korrigieren. So vermeidest du, dass du nach Hause kommst und feststellst, dass der Müll durchwühlt, Sofakissen zerrissen oder dein teures Lieblingspaar Schuhe zerstört wurde.

Es gibt verschiedene Möglichkeiten, wie du deinen Hund davon abhalten kannst, an Gegenständen in deinem Zuhause zu kauen. Das Beste, was du tun kannst, ist zu verhindern, dass deinem Hund langweilig wird. Versuche, mehr Zeit damit zu verbringen, mit deinem Hund zu spielen und ihm die Aufmerksamkeit zu geben, die er braucht. Dies gilt besonders, wenn er der einzige Hund ist.

Zudem ist es eine großartige Möglichkeit, deinen Hund zu langen Spaziergängen mitzunehmen und sicherzustellen, dass er genügend Bewegung hat um Langeweile zu bekämpfen. Du kannst ihn auch zu einem lokalen Hundepark mitnehmen oder ihm erlauben, für längere Zeit frei in deinem eingezäunten Garten zu laufen. Wenn keine dieser Optionen möglich ist,

Foto Von
Taylor Hall

verbringe einfach Zeit damit, mit deinem Hund zu spielen – wirf ihm einen Ball, einen Stock oder einen anderen geeigneten Gegenstand. Das hilft, ihn geistig zu stimulieren und fördert gleichzeitig eure Bindung.

Es ist auch hilfreich, deinem Hund Kauartikel zu geben, die „in Ordnung" sind, um daran zu kauen. Spielzeuge können von Bällen, Seilen, Plüschtieren, speziellen Hundespielzeugen und verschiedenen Arten von Knochen reichen. Sobald dein Hund bestimmte Gegenstände zum Kauen hat, wird er eher menschliche Gegenstände in Ruhe lassen.

Spielzeit & Bindung

Es ist enscheidend für die Entwicklung des Welpens sicherzustellen, dass dein Welpe ausreichend Zeit zum Spielen hat. Spielzeit hilft deinem Welpen, sich geistig und körperlich zu entwickeln. Es hilft deinem Welpen auch dabei, eine Bindung zu dir und anderen Haustieren in deinem Zuhause aufzubauen. Zudem kann Spielzeit als Belohnung verwendet werden.

Wenn du mit deinem Hund spielst, solltest du spezielles Spielzeug verwenden, um ihn zu beschäftigen und zu unterhalten. Hunde, die dazu neigen, Spielzeug zu zerstören oder durchzukauen, können zum Beispiel ein haltbareres Kauspielzeug genießen, das hüpfen und herumrollen kann. Du kannst auch Leckerlis in bestimmte Spielzeuge füllen. Während dein Hund damit spielt, werden die Belohnungen nach und nach freigegeben. So wird er für seine Bemühungen auf spielerische Weise belohnt. Dies ermutigt deinen Hund, aktiver zu sein, und wird sie für einen längeren Zeitraum unterhalten.

Wenn du eine technisch versierte Person bist und gerne die neueste Technologie verwendest, kannst du auch elektronische oder automatische Spielzeuge finden, die auf dem Boden herumrollen oder hüpfen, um deinen Welpen glücklich hinterherjagen zu lassen. Andere Spielzeuge haben die Funktion, das Spielzeug mit einer Fernbedienung oder deinem Smartphone zu steuern. Diese Spielzeuge kommen oft in Form von Knochen oder Bällen. Die intelligenten Spielzeuge sind so konzipiert, dass sie langlebig und sicher sind und gereinigt werden können. Der einzige Nachteil von interaktivem Hundespielzeug ist, dass es etwas teuer ist, aber wenn dein Welpe gerne spielt, könnte sich die Investition lohnen.

Andere traditionellere Arten von Spielzeug sind Seile, quietschende Plüschtiere und Bälle. Diese Spielzeuge sind viel wirtschaftlicher. Du kannst mehr davon kaufen oder sie öfter für einen Bruchteil des Preises ersetzen. Welpen lieben es, Spielseile herumzutragen oder daran zu ziehen. Ein traditioneller Tennisball ist ein Spielzeug, das nicht übersehen werden sollte. Welpen lieben es, mit dir zu interagieren, wenn du ihnen einen Ball zuwirfst. Sie genießen es auch, Plüschquietschspielzeug zu jagen, zu kauen und zu schütteln. Viele Welpen werden sich an ein bestimmtes Spielzeug gewöhnen, genau wie ein menschliches Kind. Dies wird ihr Trostspielzeug sein, auf das sie nicht verzichten werden wollen.

Am Ende des Tages werden die Spielzeuge, die du für deinen Mini American kaufst, als Bindungswerkzeug dienen. Indem du jeden Tag eine Spielzeit einplanst, wird er lernen, dich als Freund und Begleiter zu betrachten.

Deinen Hund allein zu Hause lassen

„Mini American Shepherds sind äußerst loyal und sozial. Wenn sie ihre Würfe verlassen, werden sie ihre neuen Besitzer als Rudelführer betrachten, während sie ihren Platz in der Welt finden. Sie für längere Zeit während dieser Zeit allein zu lassen, kann Trennungsangst verursachen, und sie können Schäden am Haus oder sich selbst verursachen, wenn sie nicht sicher eingesperrt sind."

Ashley Bryan
Ashley's Americans

Irgendwann wirst du deinen Hund allein zu Hause lassen müssen. Dies wird wahrscheinlich sowohl für dich als auch für deinen Welpen schwer sein. Welpen bekommen oftmals Angst, wenn sie von dir getrennt werden, da du zum Ersatz für ihre Mutter wirst. Aber deine Abwesenheit muss keine traumatische Erfahrung sein.

Welpen müssen daher lernen, dass du zurückkehrst, wenn du gehst. Es ist am besten, sie die ersten Male, wenn du dich weggibst, nicht länger als eine Stunde allein zu lassen. Du kannst zum Beispiel einen schnellen Besuch im Supermarkt machen oder andere Besorgungen erledigen. Dein Welpe winselt, eventuell, während du weg bist, aber er wird merken, dass du zurückkommst. Wenn du länger weg sein musst, kann es eine gute Idee sein, einen Nachbarn oder Verwandten zu bitten, regelmäßig nach ihm zu sehen, damit er sich erleichtern und die Beine strecken kann.

Einige Hunde können draußen gelassen werden, wenn du weg bist. Wenn du einen umzäunten Garten mit einem stabilen Zaun hast, genießen Welpen an einem schönen warmen Tag draußen zu sein. Wenn du dei-

Foto Von
Cindy Jacobson

nen Welpen draußen lassen willst, solltest du sicherstellen, dass er eine Hundehütte hat, in die er sich zurückziehen kann, um Regen oder Sturm zu entgehen. Draußen zu sein bietet deinem Welpen zudem die Möglichkeit, weniger gestresst zu sein, und ist hilfreich für dich, wenn du keine Unordnung im Haus haben möchtest.

Die Gewöhnung deines Hundes an eine Transportbox hat viele Vorteile. Eine sichere Umgebung zu haben, hilft Welpen, sich mehr zu Hause zu fühlen. Sie verhindert auch, dass sie aus Frust oder Langeweile Haushaltsgegenstände zerstören oder auf den Teppich machen. Eine Hundebox kann ihnen zusätzlichen Komfort bieten – besonders, wenn sie darin ihr Lieblingsspielzeug oder eine vertraute Dekke behalten dürfen. Außerdem schützt eine Box deinen Welpen davor, an gefährliche Chemikalien oder andere gefährdende Gegenstände zu gelangen, die in ihrer Reichweite liegen könnten.

Wenn du nach Hause kommst, werden du und dein neuer Welpe sicherlich aufgeregt sein, einander zu sehen. Denke jedoch an deine Verhaltensstandards. Wenn dein Hund versucht, auf dich zu springen oder übermäßig bellt, erwäge, ihm zu sagen, dass er sitzen soll, oder warte, bis er aufhört zu bellen, bevor du ihn mit Aufmerksamkeit überschüttest, sonst könntest du dieses Verhalten fördern. Du solltest kein großes Aufheben um das Verlassen oder Zurückkehren nach Hause machen, da übermäßige Rituale dazu beitragen können, dass dein Hund Trennungsangst entwickelt.

Sobald du eine regelmäßige Routine mit deinem Hund gefunden hast, wird es für euch beide viel einfacher. Denke daran, es wird eine Zeit kommen, in der ihr beide entspannter mit deinem Kommen und Gehen umgehen werdet. Es mag schwer sein, deinen neuen Welpen zu verlassen, aber es ist ein Teil des Lebens, an den ihr euch beide anpassen werdet.

Abendroutine

Wenn du deinen Welpen zum ersten Mal bekommst, sind deine Chancen, durchzuschlafen, vergleichbar mit einem neuen Baby zu Hause. Wenn du irgendwann ein normales Schlafmuster haben möchtest, musst du deinen Hund trainieren, sich so eng wie möglich an deinen Schlafplan zu halten. Hunde können sich an Routinen anpassen, solange du so nah wie möglich am selben Zeitplan bleibst.

Eine Möglichkeit, eine Abendroutine mit deinem Miniature American Shepherd zu etablieren, ist, feste Zeiten zu haben, zu denen du ins Bett gehst. Wenn du zum Beispiel eine Nacht um 20 Uhr ins Bett gehst und dann in der nächsten Nacht um Mitternacht, wird dein Welpe verwirrt sein. Dies könnte dazu führen, dass er dich mitten in der Nacht aufweckt, weil er spielen möchte, anstatt zu ruhen. Stattdessen solltest du wirklich versuchen, jeden Abend ungefähr zur gleichen Zeit ins Bett zu gehen. Wenn du um 20 Uhr ins Bett gehst, versuche, so weit wie möglich an diesem Zeitrahmen festzuhalten.

Deinen Welpen zur richtigen Zeit zum Schlafen zu bringen, kann oft Probleme bereiten. Eine Sache, die du tun kannst, ist, kurz vor dem Schlafengehen mit ihm zu spielen. Wenn ein Welpe extrem viel spielt, wird er erschöpft sein und in der Regel bereit sein, einzuschlafen. Eine weitere Möglichkeit ist, dich selbst zu beruhigen und eine entspannte Atmosphäre in deinem Zuhause zu schaffen. Ein Welpe wird nicht einschlafen, wenn viele Dinge passieren oder viel Lärm um ihn herum ist. Wenn ihm eine ruhige Umgebung gegeben wird, wird ein Welpe viel leichter einschlafen.

Es gibt einige Methoden, die du verwenden kannst, um deinen Welpen länger zwischen den Zeiten, in denen er nachts raus muss schlafen zu lassen. Du solltest sicherstellen, dass eine tickende Uhr in dem Raum ist, in dem der Welpe schläft. Dies ist ein beruhigender Klang für die meisten Hunde. Du kannst auch ein Radio mit leiser Musik laufen lassen. Schließlich kannst du im Internet nach Herzschlaggeräuschen suchen. Dies bringt oft Welpen, die gerade ihre Mütter verlassen haben, zum Schlafen, weil sie Trost in dem vertrauten Klang finden.

Ob du deinen neuen Welpen an eine Box gewöhnt hast oder nicht, du wirst sicherstellen wollen, dass du vor dem Schlafengehen einen konsistenten Fütterungsplan entwickelst. Es ist nicht ungewöhnlich, dass ein Welpe

30 Minuten nach dem Verzehr von Futter oder Wasser auf die Toilette muss. Aus diesem Grund solltest du deinen Welpen nach seinem letzten Toilettengang vor dem Schlafengehen nicht mehr fressen oder trinken lassen. Du solltest auch sicherstellen, dass du deinem Welpen ausreichend Zeit gibst, seinen Darm und seine Blase draußen direkt vor dem Schlafengehen zu entleeren. Du magst müde sein, aber hetze ihn nicht!

Stelle einen Wecker für alle paar Stunden, um deinen Welpen wieder nach draußen zu bringen. Welpen haben nicht die Fähigkeit, ihre Körperfunktionen zu halten wie erwachsene Hunde. Diese Zeiträume werden immer länger, je mehr dein Hund wächst. Schließlich wirst du überhaupt nicht mehr während der Nacht aufstehen müssen, aber bis dahin wirst du die Verantwortung unternehmen müssen, dich um die Bedürfnisse deines Welpen zu kümmern.

KAPITEL 6
Stubenreinheit und Unterbringung

„Es ist sehr wichtig, den Hund oder Welpen eine Routine zu geben (nach dem Aufwachen, direkt nach dem Fressen und zwischendurch regelmäßig nach draußen gehen usw.). Unsere erwachsenen Hunde dürfen frei im Haus herumlaufen, aber für Welpen funktioniert die Boxentraining-Methode gut, da sie versuchen werden, nicht dort ihr Geschäft zu erledigen, wo sie schlafen."

Cayla Cox
CC Miniature American Shepherds

Eines der ersten Dinge, die du tun solltest, wenn du mit deinem neuen Welpen zu Hause ankommst, ist, ihn direkt zu dem Bereich zu bringen, den er als Toilette nutzen soll. Achte darauf, dass der Ort, den du jetzt für deinen Welpen auswählst, auch später noch geeignet ist, wenn er größer wird.

Optionen für das Stubenreinheitstraining

Es gibt verschiedene Methoden, um einen neuen Welpen stubenrein zu bekommen. Zu den beliebtesten Methoden gehören das Boxentraining, das Außentraining, das Trainingsunterlagen-Training und das Zeitungstraining. Jeder Ansatz hat seine Vor- und Nachteile. Die folgende Tabelle erklärt dies.

Foto Von
Stephannie Mendoza

Methode	Vorteile	Nachteile
Boxentraining	• Wissen, dass dein Haustier nicht an unerwünschten Stellen sein Geschäft verrichtet, während du weg bist. • Bringt deinem Hund schneller bei, seine Darmkontrolle zu verbessern. • Hunde lernen, sich in ihrer Box sicher zu fühlen. • Ideal, wenn du in einem warmen oder milden Klima lebst.	• Wenn du deinen Hund zu lange in der Box lässt, kann das zu zerstörerischem Verhalten führen. • Wenn die Box nicht die richtige Größe hat, kann dein Hund sich eingeengt fühlen. • Es kann gefährlich sein, wenn der Käfig nicht richtig aufgebaut ist. • Du musst die Box reinigen, wenn ein Malheur passiert.
Outdoor-Training	• Nach dem Training deines Hundes gibt es keinen unordentlichen Aufräumstress mehr. • Du kannst ihm das Kommando „Mach Pipi!" beibringen, und er wird es verstehen. • Keine Aufsicht nötig, wenn du einen eingezäunten Garten hast. • Ideal, wenn du in einem warmen oder milden Klima lebst.	• Bis dein Haustier trainiert ist, sei darauf vorbereitet, häufige Missgeschicke auf deinen Böden zu beseitigen. • Dein Welpe könnte dazu neigen, immer wieder an den gleichen Stellen sein Geschäft zu verrichten. • Beaufsichtigung, wenn du keinen eingezäunten Garten hast.

| Stubenreinheit mit Unterlagen oder Indoor-Grasmatten | • Ideal für kleine Hunde.
• Bequemer, wenn du in einem kalten Klima lebst.
• Einfacher, wenn du in einem Mehrfamilienhaus wohnst, wo du nicht schnell nach draußen kommst. | • Nicht ideal für große Hunde.
• Sowohl Welpenmatten als auch Zeitungen können teuer werden.
• Falsche Platzierung kann zu ziemlich unschönen Situationen führen.
• Hunde könnten sich dafür entscheiden, die Matten oder Zeitungen zu zerreißen. |

Boxentraining

„Americans haben ein hohes Maß an Intelligenz und Problemlösungs-fähigkeiten. Boxentraining, Stubenreinheit und Gehorsamkeitstraining dauern manchmal nur wenige Tage (für Besitzer, die bereit sind, intensiv zu arbeiten, sobald sie ihren Welpen nach Hause bringen)."

Ashley Bryan
Ashley's Americans

Foto Von
Amanda Akagi

Das Boxentraining ist eine der besten Optionen, um deinen Hund stubenrein zu bekommen. Es gibt verschiedene Gründe, die für diese Methode sprechen. Welpen suchen sich gerne sichere Orte, wenn sie in ein neues Zuhause ziehen. Wenn du ihnen eine Box mit einer Decke und ihrem Lieblingsspielzeug gibst, werden sie sich bald heimisch fühlen. Die Box wird zu einem Ort, an dem sie zur Ruhe kommen.

Für das Boxentraining deines neuen Welpen musst du eine Box kaufen. Achte darauf, dass die Box die richtige Größe hat, die auch deinem Miniature American Shepherd noch passt, wenn er wächst, sonst musst du später eine größere kaufen. Es ist auch wichtig, dass du recherchierst, welche Boxen am sichersten und stabilsten für deinen Welpen sind. Die Wahl der richtigen Box spielt eine entscheidende Rolle für den Erfolg des Boxentrainings deines Welpen. Es ist ratsam, das Lieblingsspielzeug deines Hundes zusammen mit einer weichen Decke in die Box zu legen. Die beiden Gegenstände können dem Hund Trost spenden, ähnlich wie ein kleines Kind Trost in seinem Lieblingsteddy und seiner Decke findet. Du kannst zudem ein Radio im Raum aufstellen und es sehr leise auf einen Sender mit sanfter Musik einstellen. Das hilft, den Welpen zu beruhigen.

Bei den ersten Malen, wenn du deinen Welpen in die Box setzt, ist zu erwarten, dass er heult, winselt, bellt oder andere Geräusche macht, um gegen den Aufenthalt in der Box zu protestieren. Es wird schwer sein, aber du solltest ihn mindestens eine Stunde allein in der Box lassen. Irgendwann wird er sich beruhigen. Nachdem er eine Stunde in der Box war, nimm ihn mit nach draußen und lass ihn sein Geschäft verrichten. Erhöhe alle 3 Tage die Zeit, die du ihn in der Box lässt, um 30 Minuten. Das hilft, seine Blase und seinen Darm zu trainieren, für die zugewiesene Zeit anzuhalten.

Instinktiv wollen Welpen nicht dort Schmutz machen, wo sie schlafen. Das ist ein Teil dessen, was ihnen hilft, ihre Blase und ihren Darm zu kontrollieren. Du musst jedoch bedenken, dass sie Welpen sind und wenn du nicht gewissenhaft an einem Zeitplan festhältst, werden Unfälle passieren. Wenn der Welpe einen Unfall hat, musst du den Schmutz beseitigen und die Box mit einem haustierfreundlichen Reinigungsmittel desinfizieren.

Denk daran: Vermeide es, die Box als Bestrafungsmechanismus für deinen Hund zu verwenden. Sie sollte ein sicherer, bequemer Ort sein, frei von negativen Assoziationen. Auf diese Weise wird dein Hund nicht ängstlich sein, wenn du das Haus verlässt und er in der Box bleiben muss!

Foto Von
Mariel Garcia

Außentraining

Das Außentraining kann für einige Besitzer von Miniature American Shepherds sehr vorteilhaft sein. Ideal ist es für alle, die einen Vorgarten, einen Hinterhof oder ein Zuhause auf dem Land haben. Es ist nicht unbedingt förderlich für Haustierbesitzer, die in einer Wohnung leben.

Beim Außentraining gibt es auf lange Sicht weniger Schmutz. Du musst dich nicht mit schmutzigen Hundeunterlagen herumschlagen oder verschmutzte Zeitungen wegwerfen, wenn dein Hund darauf trainiert ist, nach draußen zu gehen. Oder die Kosten dafür tragen. Du musst dir auch keine Sorgen machen, dass sie in deinem Zuhause etwas beschädigen.

Um deinen Hund für draußen zu trainieren, musst du den Welpen jedes Mal durch dieselbe Tür nach draußen bringen. Wenn du deinem Hund zum Beispiel erlaubst, deinen Hinterhof als Toilette zu benutzen, dann solltest du ihn immer durch die Hintertür oder die Tür, die zum Hof führt, nach draußen bringen. Das hilft deinem Welpen zu verstehen, dass die Tür ein Weg zur Toilette ist. Die Idee ist, dass dein Welpe irgendwann zur Tür geht und entweder daran kratzt oder winselt, um anzuzeigen, dass er rausgelassen werden muss. Einige Besitzer bringen ihren Hunden alternativ bei, mit der Pfote oder der Nase gegen Glocken zu stoßen, die an einer Schnur vom Türknauf hängen.

Eine Alternative ist es, eine Hundeklappe installieren, damit dein Hund sich tagsüber selbst rauslassen kann. Eine Hundeklappe ist ein großartiges Hilfsmittel, wenn du nicht ständig da sein kannst, um dein Haustier rein- und rauszulassen, oder wenn du nicht ständig nach draußen gehen möchtest.

Ein Nachteil von Hundeklappen ist, dass sie etwas schwierig zu installieren sein können, professionelle Werkzeuge erfordern und manchmal ein Loch in eine Tür oder Wand geschnitten werden muss. Neuere Modelle sind jedoch einfacher zu installieren und können mit etwas Geschick im Handumdrehen montiert werden. Ein weiterer Nachteil ist, dass dein Welpe auch Gegenstände, welche du ungern um Haus hättest, aus dem Hof ins Haus schleppen könnte. Oder es besteht die Möglichkeit, dass ein kühnes Wildtier direkt in dein Haus marschiert, wenn es in den Hof wandert.

Wenn du vor hast, deinen Hund für draußen zu trainieren, ist es äußerst wichtig, dass du dich für ein Kommando entscheidest und nur dieses Wort oder diese Phrase konsequent verwendest. Übliche Kommandos sind „Mach Pipi", „geh Gassi", „mach sauber" oder „nass", um sie an den Grund zu erinnern, warum sie draußen sind. Nochmals, was auch immer du sagst, verwende jedes Mal genau dasselbe Kommando. Konsequenz ist der Schlüssel zum Erfolg.

Welpen sind dafür bekannt, abgelenkt zu werden und zu vergessen, dass sie überhaupt aufs Klo mussten. Eine Möglichkeit, deinen Welpen zu ermutigen, draußen schneller sein Geschäft zu erledigen, ist der Kauf eines Lockstoff-Sprays, das ihnen hilft, genau zu wissen, wo du möchtest, dass sie ihr Geschäft in deinem Hof verrichten. Oder besuche einen Ort, von dem du weißt, dass andere Hunde, besonders die aus deinem eigenen Haushalt, ihn häufig aufsuchen.

Welpen suchen sich meist einen bestimmten Platz zum Lösen. Wenn du also nicht willst, dass sie ihr Geschäft am Fuß der Veranda machen, bring sie von Anfang an an einen anderen Ort. Wenn du an der Stubenreinheit arbeitest, lenke deinen Welpen nicht ab, wenn er sein Geschäft verrichtet. Die geringste Ablenkung könnte dazu führen, dass er zu früh aufhört, wie zum Beispiel beim Urinieren, und dann, sobald er wieder drinnen ist, wird er sein Geschäft im Haus beenden, wenn die Ablenkung vorbei ist. Du solltest sie auch niemals abrupt davon abhalten, sich draußen zu erleichtern, sondern sicherstellen, dass sie sich vollständig entleert haben.

Das Außentraining bietet einen natürlicheren Ansatz für das Stubenreinheitstraining deines Miniature American Shepherds. Es hängt alles davon ab, wie deine Wohnsituation ist. Außentraining hilft dabei, den Schmutz im Haus zu verringern und kann eine einfache Option sein, um deinem Welpen beizubringen, sein Geschäft zu verrichten.

Unterlagen- & Zeitungstraining

Wenn du keinen Außenbereich hast, den dein Hund als Toilette nutzen kann, solltest du in Betracht ziehen, dein neues Familienmitglied mit Unterlagen oder Zeitungen zu trainieren. Unterlagen- oder Zeitungstraining kann eine angenehmere Option sein, wenn du keinen Zugang zu einem Hof oder einer anderen Grasfläche hast. Auch wenn die Reinigung einfach sein kann, gefällt dir eventuell der Geruch nicht, den es in deinem Zuhause hinterlassen kann. Zeitungs- und Unterlagentraining kann auf lange Sicht auch relativ teuer sein.

Deinen Hund darauf zu trainieren, Unterlagen oder Zeitungen zu benutzen, kann eine schwierige Aufgabe sein, aber es gibt viele Produkte auf dem Markt, die dir helfen können, den Übergang einfacher zu gestalten. Du könntest zum Beispiel ein urinduftiges Spray verwenden, das deinen Welpen dazu bringt zu erkennen, dass die Unterlage oder Zeitung der Ort ist, an dem er sein Geschäft verrichten muss. Da Welpen instinktiv Orte aufsuchen, an denen bereits andere Hunde ihr Geschäft verrichtet haben, kannst du etwas Urin auf die Welpenunterlage oder Zeitung geben. Das fördert die Bereitschaft deines Welpen, diesen Platz als Toilette zu akzeptieren. Es gibt zudem Rasenunterlagen. Diese Unterlagen haben Kunstrasen, der eine natürlichere Umgebung für deinen Welpen simuliert. Da Hunde instinktiv Grasflächen bevorzugen, scheint die Erfolgsquote höher zu sein, wenn es darum geht, deinen Welpen dazu zu bringen, den Platz zu nutzen. Rasenunterlagen bieten auch eine einfachere Reinigung mit Spülmittel und Wasser. Da sie wiederverwendbar sind, sind Kunstrasenunterlagen auf lange Sicht auch wirtschaftlicher als viele Einwegoptionen.

Eine andere Option ist, frische Rasenstücke für deinen Hund zu bestellen. Ja, das sind tatsächliche Stücke echten Rasens, die dein Hund benutzen kann, während er in deinem Haus oder deiner Wohnung ist. Diese Stücke sind unglaublich praktisch und du kannst sie wegwerfen, sobald sie benutzt wurden. Obwohl die Reinigung einfach ist und Hunde diese Methode oft sehr bereitwillig annehmen, kann echter Rasen teuer sein.

Wenn du echten Rasen für deinen Welpen bevorzugst, kannst du bei vielen Anbietern ein Abo einrichten. So bekommst du regelmäßig frische Rasenstücke direkt nach Hause geliefert. Einige Hundebesitzer haben auch lokale Quellen gefunden, wie Rasenunternehmen oder saisonal in einigen Baumärkten oder Holzlagern, die eine Abholung ermöglichen.

Sobald du dich entschieden hast, welches Innenprodukt du verwenden möchtest, um deinen Welpen zu trainieren, musst du eine Routine etablieren, um ihn stubenrein zu bekommen. Die beste Methode ist, einen begrenzten Bereich zu wählen, wie die Waschküche oder die Terrasse, um die Unterlage oder Zeitung zu platzieren. Beginne damit, deinen Welpen etwa 15 Minuten nach dem Fressen oder Trinken zur Unterlage oder Zeitung zu führen.

Nachdem er eine Mahlzeit oder Flüssigkeit zu sich genommen hat, bringe deinen Welpen zu dem begrenzten Bereich, in dem er sich erleichtern soll. Bringe deinen Welpen alle paar Minuten direkt zur Unterlage oder Zeitung und lass ihn daran schnüffeln. Wenn du den Lockstoff verwendet hast oder eine der Rasenarten benutzt, sollte der Welpe die Idee verstehen. Wenn der Welpe versucht zu spielen, anstatt aufzupassen, platziere seine Nase sanft immer wieder auf der Stelle, um das Schnüffeln zu fördern.

Genau wie beim Außentraining solltest du ein verbales Kommando geben, wenn du versuchst, deinen Welpen dazu zu bringen, die Unterlagen oder Zeitungen zu benutzen, genau wie beim Außentraining. Schließ-

Foto Von
Judy Bramwell

lich werden sie die Phrase mit der Handlung verbinden und sollten sich auf Kommando erleichtern.

Anfangs, wenn der Welpe an der richtigen Stelle sein Geschäft verrichtet (ob auf Kommando oder nicht), lobe ihn sofort dafür, dass er an der richtigen Stelle gegangen ist. Wenn du konsequent bleibst, wird dein Welpe schon bald verstehen, was du von ihm erwartest.

Die ersten Wochen

„Miniature American Shepherds sind extrem leicht zu trainieren. Vorhersehbarkeit und Konsequenz sind die Schlüssel. Und fang früh an, sobald dein Welpe nach Hause kommt. Acht Wochen alte Welpen können stubenrein, boxentrainiert und gehorsamkeitstrainiert werden. Du musst nur die Arbeit investieren."

Ashley Bryan
Ashley's Americans

Deinen neuen Miniature American Shepherd stubenrein zu bekommen, ist ähnlich wie ein Kleinkind zu trainieren. Es ist nicht einfach. Es geht nicht schnell. Es wird dich frustrieren, und irgendwann wirst du wahrscheinlich aufgeben wollen. Ein erfolgreiches Stubenreinheitstraining kann, abhängig vom Hund, nur wenige Wochen oder auch mehrere Monate dauern.

In den ersten Wochen mit deinem Welpen wird es wichtig sein, dass du eine Routine für ihn erstellst. Du musst einen festen Zeitplan haben, wann er Futter und Wasser bekommt. Der Grund dafür ist, dass normalerweise etwa 20-30 Minuten nachdem ein Hund eine Mahlzeit zu sich genommen hat, er auf die Toilette muss. Wenn du deinen Fütterungsplan um die Zeiten herum gestaltest, zu denen du zu Hause sein wirst, sollte es weniger überraschende Unfälle geben, während du bei der Arbeit, in der Schule oder woanders bist.

Es ist wichtig, dass du dich mit dem Toilettenverhalten und den Signalen deines Hundes vertraut machst. Du musst deinen Welpen in den ersten Wochen während des Stubenreinheitstrainings wie ein Falke beobachten, um die Hinweise zu erkennen, dass dein neuer Welpe sich erleichtern muss. Eine der Sachen, die ein Welpe tun wird, wenn er auf die Toilette muss, ist, den Bereich nach dem perfekten Platz abzuschnüffeln. Sie werden normalerweise im Kreis schnüffeln, um anzuzeigen, dass sie gleich ihr Geschäft verrichten werden.

Wenn du bemerkst, dass dein Welpe angefangen hat zu schnüffeln, musst du aufmerksam sein. Das gilt besonders, wenn der Welpe zu einem Bereich zurückkehrt, den er zuvor benetzt oder beschmutzt hat. Es kann ein Fehlalarm sein, da Welpen von Natur aus neugierig sind und gerne neue Gerüche schnüffeln, aber es ist immer eine gute Idee, sie trotzdem nach draußen zu bringen oder auf eine Welpenunterlage zu setzen, nur für den Fall.

Du solltest deinen Welpen auch genau im Auge behalten, während er spielt. Genau wie ein Kind, das zu beschäftigt mit dem ist, was es tut, und die Signale seiner Blase oder seines Darms ignoriert, kann ein Welpe zu sehr ins Spiel vertieft sein. Welpen neigen manchmal dazu, zu lange mit dem Lösen zu warten, bis sie es schließlich nicht mehr zurückhalten können.

Positives Verhalten belohnen

Es ist wichtig, dass du deinen Welpen jedes Mal belohnst, wenn er beim Toilettentraining gut abschneidet. Wenn du deinen Hund lobst, wird er eher das gewünschte Verhalten wiederholen. Schließlich möchte ein Hund seinem Besitzer gefallen.

Lass deinen Hund jedes Mal einen Leckerbissen bekommen, wenn er sich an der gewünschten Stelle erleichtert. Wenn dein Hund jedes Mal eine Futterbelohnung erhält, wird er gerne auf die Toilette gehen, nur um den Leckerbissen zu bekommen.

Es gibt viele abgepackte Leckerbissen, die du deinem Welpen geben kannst. Du kannst auch eine Keksdose besorgen und deine eigenen hausgemachten Leckerbissen backen. Du kannst deinem Hund auch einen Kauknochen oder einen hundefreundlichen Knochen geben, der ihn danach für einige Zeit beschäftigt hält. Achte nur darauf, ihm nicht zu viel zu geben, damit er sich nicht das Abendessen verdirbt.

Eine andere Idee, um deinen Welpen zu belohnen, ist, ihm zusätzliche Spielzeit im Freien zu geben. Mini Americans sind eine extrem energiegeladene Rasse, die es liebt, draußen zu rennen, zu springen und zu spielen, und sie werden die Gelegenheit genießen, etwas Spaß zu haben. Wenn du die Außenmethode zum Stubenreinheitstraining verwendest, kannst du ihn länger herumlaufen lassen, sobald er sein Geschäft erledigt hat. Du könntest auch einen Ball, eine Frisbee oder ein anderes geeignetes Outdoor-Spielzeug holen. Welpen lieben die Aufmerksamkeit und spielen gerne mit ihren Besitzern, wann immer sie können. Ein Spiel ist eine würdige Belohnung für jeden Hund.

Platz zum Herumstreifen

Wenn du deinem Hund während der Stubenreinheitsphase nicht den freien Lauf in deinem Haus geben möchtest, ist eine gute Möglichkeit, ihm einen sicheren Spielraum zu bieten, einen Hunde-Laufstall zu kaufen, oft auch Freilaufgehege oder Welpenauslauf genannt. Sie sind online oder in den meisten Zoohandlungen leicht zu finden und bieten eine kleine tragbare Begrenzung, um zu verhindern, dass dein Hund wegläuft oder in Dinge gerät, in die er nicht geraten sollte.

Laufställe gibt es in verschiedenen Größen und Stilen und sind individuell nach den Bedürfnissen des Hundes gestaltbar. Nach dem Stubenreinheitstraining können sie zusätzlich hilfreich sein, wenn du Besuch bekommst. Sie können wirksam sein, um deinen Hund von Gästen fernzuhalten. Wenn dein Zuhause eine große Anzahl zerbrechlicher Gegenstände enthält oder wenn es Orte gibt, an die du deinen Hund nicht lassen möchtest, können Laufställe eine großartige Möglichkeit sein, den Raum in deinem Haus aufzuteilen und die Freiheit deines Hundes einzuschränken, ohne ihn in einer Box einzusperren.

Für einen dauerhafteren sicheren Raum, in dem du einen Hund unbeaufsichtigt herumlaufen lassen kannst, schau dir größere Hundezwinger an, die üblicherweise 1,5 m x 1,5 m oder 1,5 m x 3 m groß sind.

Da Mini Americans eine so energiegeladene Rasse sind, können Hundeklappen eine weitere Möglichkeit für deinen Welpen sein, sich zu bewegen und dennoch Zugang zum Haus zu haben. Für eine Rasse, die zusätzliche Stimulation benötigt, kann dies ein Lebensretter sein. Sie können auch ein Sicherheitsmerkmal für dein Haustier im Falle von Feuer oder schlechtem Wetter sein, da sie ihm ermöglichen, gefährlichen Bedingungen zu entkommen.

Wenn du dich entscheidest, eine Hundeklappe für den Zugang nach draußen zu kaufen, während du weg bist, solltest du dir bewusst sein, dass sie für die Verwendung mit eingezäunten Grundstücken gedacht sind. Ein Miniature American Shepherd könnte leicht weglaufen, in etwas geraten, in das er nicht geraten sollte, auf eine stark befahrene Straße mit Autos gelangen oder von einem Passanten gestohlen werden.

Ob du dich entscheidest, einen Laufstall, einen Zwinger oder eine Hundeklappe für deinen Welpen zu kaufen, damit er ein bisschen mehr Platz hat, um seine Beine zu strecken, es ist wichtig, dass du verstehst, dass keines davon als Entschuldigung dienen soll, dein Haustier zu vernachlässigen. Ja, wir alle haben Jobs und soziale Verpflichtungen, die wir wahrnehmen müssen, aber ein Haustier kann nicht zu Hause gelassen werden, ohne zu sozialisieren. Gleichgültigkeit oder mangelnde Fürsorge kann dazu führen, dass dein Haustier destruktiv, schlecht erzogen oder aggressiv wird.

KAPITEL 7

Futter und Ernährung

„Wenn du deinen Mini American zum ersten Mal nach Hause bringst, ist es wichtig, einen Beutel des Futters dabei zu haben, das der Welpe aktuell frisst. Falls du das Futter wechseln möchtest, mische das neue und alte Futter (halb-halb) über einen Zeitraum von mehreren Wochen, anstatt das Futter sofort zu wechseln. Ein abrupter Wechsel kann den Magen des Welpen durcheinanderbringen und zu unnötigen Unfällen in der Box oder im Haus führen."

Ashley Bryan
Ashley's Americans

Arten von Hundefutter

Die Wahl eines hochwertigen Hundefutters ist wichtig für die Gesundheit und das Wohlbefinden deines Hundes. Hundefutter gibt es in verschiedenen Varianten. Beispielsweise gibt es das traditionelle Trockenfutter oder Hundekibble, welche in der Regel aus kleinen, geformten Stücken oder knusprigem Hundefutter bestehen. Hersteller haben eine breite Palette an Geschmacksrichtungen entwickelt, um den Gaumen deines Vierbeiners zu verwöhnen. Hundekibble wird üblicherweise in Beuteln oder Eimern verschiedener Größen angeboten.

Eine weitere erhältliche Art von Hundefutter ist Nassfutter. Nassfutter ist traditionell als Dosenfutter bekannt. Der heutige Markt bietet jedoch neuere Varianten, die im Tiefkühlbereich zwischen menschlichen Lebensmitteln zu finden sind. Dosenfutter kann in Form von frischem gestückelten Fleisch mit Soße oder Gemüse angeboten werden. Manches Dosenfutter wird auch in einer kompakteren Form angeboten, die einem festen Fleischstück ähnelt.

Einige Hundefutter sind speziell für Hunde in verschiedenen Lebensphasen konzipiert. Welpenfutter oder -formeln sind nur für Welpen im Alter von 6 Wochen bis 18 Monaten gedacht. Diese Futtermittel sind wichtig, weil sie heranwachsenden Welpen die Nährstoffe liefern, die sie zum Wachsen und Gedeihen benötigen. Es gibt auch Hundefutter, das speziell auf die Bedürfnisse erwachsener Hunde abgestimmt ist. Erwachsene Hunde benötigen eine andere Ernährung als ein wachsender Welpe. Diese Hundefutter enthalten in der Regel mehr Protein, um deinen Hund aktiv und energiegeladen zu halten.

Es gibt auch spezielle Arten von Hundefutter für Hunde, die ihre Seniorenjahre erreicht haben. Seniorenfutter enthält in der Regel Zutaten, die vorteilhaft für die Knochen, Zähnen und Gelenke deines Hundes sind. Mit zunehmendem Alter verliert dein Hund an Knochendichte und wird weniger beweglich. Ältere Hunde benötigen möglicherweise auch kleinere Futterstücke, um ihre Zähne gesund zu halten. Diese Hundefutter enthalten im Allgemeinen mehr Kalzium und Vitamine. Zudem enthält Seniorenfutter Zutaten, die deinem älteren Hund mehr Energie verleihen und sein Fell gesunder und glänzender machen.

Neben der Wahl der Futterform solltest du sicherstellen, dass dein Hund keine Allergien hat. Es gibt Hundefutter, das vollständig getreide- und glutenfrei ist für Hunde, die diese Zutaten nicht vertragen. Es gibt auch Hundefutter ohne künstliche Zutaten, Aromen oder Farbstoffe. Einige Hundefutter sind sogar auf Hunde zugeschnitten, die an Diabetes leiden.

Das richtige kommerzielle Hundefutter auswählen

Als Hundebesitzer ist es deine Entscheidung und liegt in deiner Verantwortung, das richtige Hundefutter für deinen Miniature American Shepherd auszuwählen. Um die richtige Wahl zu treffen die auf die individuellen Bedürfnisse deines Hundes abgestimmt sind, ist der beste Weg dich zu informieren. In einer Welt, in der es tausende verschiedene Optionen gibt, musst du alle verfügbaren Ressourcen nutzen, um zur richtigen Entscheidung zu kommen.

Ein wichtiger Aspekt bei der Auswahl des richtigen kommerziellen Hundefutters ist dein Budget. Einige wichtige Fragen, die du dir stellen solltest, sind: Hast du das Geld, um dir einige der teureren Marken leisten zu können? Ist dir die Marke wichtig? Muss dein Hund eine spezielle Diät einhalten? Welche Marken verträgt der Magen deines Hundes? Sobald du dich hinsetzt und entscheidest, was ein angemessenes Budget ist, kannst du eine besser informierte Entscheidung über die Hundefuttermarken treffen, die du in Betracht ziehen möchtest.

Foto Von Shelby Yost

Das Internet ist eine großartige Ressource, um mehr Informationen über bestimmte Futtermarken zu finden. Suche nach seriösen Bloggern, die Miniature American Shepherds züchten, und schau, was sie empfehlen. Eine weitere Möglichkeit, Hundefutter online zu recherchieren, besteht darin, Bewertungen zu lesen. Ernsthafte Tierbesitzer äußern oft ihre ehrliche Meinung, und du kannst dir anhand der Bewertungen ein eigenes Urteil bilden.

Du kannst auch deinen Tierarzt um Empfehlungen bitten. Nachdem dein Tierarzt einen Gesundheitscheck durchgeführt hat, kann er dir sagen, ob dein Haustier gesundheitliche Probleme hat, die berücksichtigt werden müssen. Er kann dir mitteilen, ob dein Haustier übergewichtig, untergewichtig ist, Nahrungsmittelallergien, Krankheiten oder Hautprobleme hat, die berücksichtigt werden müssen.

Basierend auf der Untersuchung deines Haustieres sollte dein Tierarzt in der Lage sein, die richtige Marke und Art von Hundefutter für deinen Miniature American Shepherd zu empfehlen. Die meisten Tierarztpraxen führen heutzutage ein vollständiges Sortiment an hochwertigen Tierfuttermitteln. So kannst du deinen Hund ganz bequem direkt mit dem passenden Futter versorgen. Schädliche & akzeptable Menschennahrung.

Früher oder später genießen viele Menschen es, ihren Haustieren etwas vom eigenen Teller oder aus ihrer eigenen Ernährung abzugeben. Dies ist meistens keine gute Idee, egal wie sehr dein Haustier bettelt. Einige Lebensmittel, von denen Menschen nicht denken würden, dass sie für Hunde gefährlich sind, sind tatsächlich sehr schlecht für sie. Es gibt Lebensmittel, die gesundheitliche Probleme verursachen oder sogar tödlich für deinen Hund sein können, wenn du nicht vorsichtig bist und genau weißt, was für sie geeignet ist.

Lebensmittel, die du deinem Hund nicht geben solltest

- **Weintrauben und Rosinen**

  Tests haben gezeigt, dass das Füttern von Trauben oder Rosinen jeder Art bei Hunden zu Nierenversagen führen kann. Wenn dein Hund sie zu sich nimmt, könnte er sterben.

- **Schokolade**

  Höchstwahrscheinlich hast du schon gehört, dass man einem Hund niemals Schokolade füttern sollte. Der Grund dafür ist, dass Schokolade Koffein und den gefährlichen Chemikalien Theobromin und Methylxanthin enthält. Diese Chemikalien schaden zwar Menschen nicht, da wir sie schneller verdauen als Hunde, aber die Toxizität kann sich schnell im System deines Hundes ansammeln und zu Herzversagen führen. Verschiedene Schokoladensorten enthalten unterschiedliche Mengen an Giftstoffen.

  Einige der Symptome, die dein Hund entwickeln könnte, wenn er Schokolade gefressen hat, sind Erbrechen, Anfälle, Zittern und Herzinfarkt. Du musst sicherstellen, dass dein Hund keinen Zugang zu Schokolade hat. Dies gilt besonders während der Feiertage, wenn Süßigkeiten im Überfluss vorhanden sind.

- **Avocado**

  Avocados enthalten ein für Hunde tödliches Gift namens Persin. Der Verzehr von Avocados (die Frucht oder die Schale) kann bei Hunden Erbrechen und Durchfall verursachen. Wenn ein Hund außerdem den Kern einer Avocado verschluckt, kann dies zu einem Darmverschluss und zum Tod führen, es sei denn, es wird ein chirurgischer Eingriff durchgeführt.

- **Zwiebeln**

  Zwiebeln enthalten Verbindungen namens Disulfide, die rote Blutkörperchen schädigen können. Dies führt dazu, dass Hunde eine hämolytische Anämie entwickeln. Hunde können schläfrig, schwach oder ohnmächtig werden. Zwiebelpulver und Knoblauchpulver können die gleiche Wirkung haben.

- **Alkohol**

  Genau wie es die motorischen Fähigkeiten eines Menschen beeinträchtigt, wirkt Alkohol auf Hunde. Es kann Erbrechen auslösen und deinen Hund sehr desorientieren. Alkoholvergiftungen sind ebenfalls eine sehr reale Gefahr.

- **Salz und salziges Essen**

Deinem Haustier Zugang zu Salz oder stark gesalzenen Lebensmitteln zu gewähren, kann sehr gefährlich sein. Salz dehydriert den Körper, und wenn ein Hund keinen Zugang zu genügend frischem Wasser hat, kann es zu einer Salzvergiftung kommen. Dein Hund könnte Magenprobleme und Anfälle bekommen, wenn zu viel Salz Teil seiner Ernährung ist.

- **Gekochte Fleischknochen**

Obwohl wir alle wissen, dass unsere Hunde Hühner-, Schweine- und Rinderknochen lieben, kann es gefährlich oder sogar tödlich sein, ihnen gekochte Knochen zu geben. Gekochte Knochen neigen dazu, zu splittern. Die Splitter können die Zunge, den Mund, den Hals oder den Verdauungstrakt deines Hundes verletzen. Wenn der Verdauungstrakt eines Hundes blockiert oder gerissen wird, könnte dein Haustier eine Operation benötigen.

Akzeptable menschliche Lebensmittel

- **Gekochtes Fleisch**

Gekochtes Fleisch ist eine großartige Quelle für Protein und Mineralien für deinen Hund. Bei richtiger Zubereitung musst du dir keine Sorgen machen, dass dein Hund mit schädlichen Bakterien wie E. coli oder Salmonellen in Kontakt kommt. Gekochtes Fleisch ist auch großartig für Hunde, die aus gesundheitlichen Gründen ihr Hundefutter nicht fressen.

- **Babykarotten oder gewürfelte Karotten**

Genau wie bei Menschen sind Karotten gut für die Sehkraft eines Hundes. Die Vitamine und Mineralien sind wichtig für die Gesundheit eines Hundes. Karotten enthalten nur wenige Kalorien und eignen sich daher hervorragend als knuspriger Snack für Hunde auf Diät.

- **Äpfel**

In angemessen große Scheiben geschnitten sind Äpfel ein großartiger Leckerbissen für deinen Miniature American Shepherd. Äpfel enthalten wertvolles Vitamin A und Vitamin C, um das Immunsystem deines Hundes zu stärken. Äpfel sind auch dafür bekannt, die Zähne deines Hundes zu reinigen.

- **Brot**

Dein Hund kann selbstgemachtes oder gekauftes Brot essen, solange er keine Gluten- oder Weizenallergie hat. Da Brot jedoch reich an Kohlenhydraten ist, wird nicht empfohlen, es einem übergewichtigen Hund zu füttern. Wenn du jedoch einen Hund hast, der ein wenig zunehmen muss, wird es dem Hund nicht schaden, es in kleinen Mengen zu haben.

- **Erdnussbutter**

Rohe, ungesalzene Erdnussbutter ist ein großartiger Leckerbissen für deinen Vierbeiner. Erdnussbutter ist reich an Protein und mäßig an Fett. Wenn dein Hund etwas übergewichtig ist, solltest du vielleicht strenger mit der Menge sein, die du gibst. Achte darauf, die Zutatenliste zu lesen, um sicherzustellen, dass das Glas keine gängigen künstlichen Süßstoffe enthält, die für Hunde schädlich sind.

- **Eier**

Eier sind eine großartige Proteinquelle für deinen Hund. Eier können tatsächlich ein gutes Lebensmittel sein, das du deinem Hund geben kannst, wenn er erbrochen hat oder unter lockerem Stuhlgang leidet, da sie helfen können, den Magen deines Hundes zu beruhigen.

- **Honig**

Honig kann tatsächlich in kleinen Dosen ein großartiger Leckerbissen für deinen erwachsenen Hund sein. Er enthält viele der essentiellen Vitamine und Mineralien, die ein Hund benötigt. Genau wie bei Menschen ist bekannt, dass er auch Hunden mit Allergien helfen kann.

Gewichtsmanagement

„Da Americans aktiver und energiegeladener sind als andere Rassen, ist eine proteinreiche Ernährung eine gute Option. Achte nur darauf, nicht zu überfüttern. Ein übergewichtiger Mini American kann Hüft- und Ellbogenprobleme bekommen, wenn er mehr Gewicht trägt, als er sollte.“

Ashley Bryan
Ashley's Americans

Ob dein Hund übergewichtig, untergewichtig oder genau richtig ist, Gewichtsmanagement ist ein wichtiger Teil des Tierbesitzes. Eine der häufigsten und einfachsten Übungen ist das tägliche Spazierengehen. Fange langsam an und gehe die ersten Male mit dem Hund um den Block. Als Nächstes kannst du deinen Vierbeiner auf eine längere Strecke mitnehmen, indem du zwei Blocks gehst. Alle paar Tage kannst du deinen Spaziergang verlängern oder zum Joggen oder Laufen übergehen, je nach Alter und allgemeinem Gesundheitszustand deines Haustieres.

Eine weitere unterhaltsame Möglichkeit, deinen Hund zu trainieren, ist das Einbauen von Spiel und Spaß. Wenn ein Hund gerne einem Ball, Stock oder Frisbee hinterherläuft, gib ihm ein tägliches Training, indem du den Gegenstand wirfst und ihn zurückholen lässt. Wenn dein Mini American das Wasser genießt, kannst du ihn in einem flachen Pool, Teich oder See schwimmen lassen. Du kannst deinen Hund auch in den Hundepark bringen, damit er die Gesellschaft anderer Hunde genießen kann.

Deinen Hund für Agilitykurse zu trainieren, ist eine gute Option, ihm beim Abnehmen zu helfen. Du kannst damit beginnen, deinem Haustier Dinge wie Tunnel zum Durchlaufen, kleine Bretter zum Überspringen und Tische zum Darüberlaufen zu kaufen. Dein Haustier wird lernen, sich zu bewegen, und kann an Wettbewerben teilnehmen, sobald es die nötigen Kommandos gelernt hat. Die Wettbewerbe werden eine Möglichkeit für dich und deinen Hund sein, eine Bindung aufzubauen, da ein effektives Training deines Hundes für Agilitykurse viel Zeit für Einzeltraining erfordert.

Weitere Informationen zu jeder dieser Optionen findest du im Abschnitt „Arten von körperlicher Bewegung" weiter unten.

Wenn dein Hund übergewichtig ist, kann Diätfutter eine großartige Ergänzung zu regelmäßiger Bewegung sein, um deinen vierbeinigen Begleiter wieder zu guter Gesundheit zu verhelfen. Dein Tierarzt kann das richtige Diätfutter empfehlen.

Nachdem du eine Hundefuttermarke ausgewählt hast, ist es wichtig, ihr mindestens ein paar Wochen Zeit zu geben, damit sie wirken kann. Du kannst eine Hundewaage für zu Hause kaufen oder vereinbaren, deinen Hund wieder zum Tierarzt zu bringen, um seinen Fortschritt zu überprüfen. Du musst auf jede Veränderung seiner Energieniveaus achten und ob das Futter Verdauungsprobleme verursacht. Wenn du eines dieser Probleme bemerkst, ist es wichtig, dass du sofort deinen Tierarzt kontaktierst.

Du wirst merken, dass das Hundefutter wirkt, wenn die Waage nach und nach niedrigere Zahlen anzeigt. Eine andere Möglichkeit ist zu sehen, ob du die Rippen deines Hundes besser fühlen kannst. Du könntest bemerken, dass das Halsband deines Hundes lockerer um seinen Hals sitzt oder dass sein Gesicht dünner aussieht. Sobald dein Haustier beginnt, Gewicht zu verlieren, sollte es viel gesünder, glücklicher und voller Energie sein.

Reinigung von Futter- und Wassernäpfen

Würdest du aus einer Schüssel essen, aus der du zu Mittag gegessen hast, ohne sie zu reinigen? Wahrscheinlich nicht. Genau wie Menschen saubere Teller oder Schüsseln bevorzugen, schätzen Hunde es und behalten ihren Appetit besser, wenn du dir die Zeit nimmst, ihre Futternäpfe richtig zu reinigen und zu desinfizieren.

Foto Von Lisa Cox

Es gibt zwei grundlegende Möglichkeiten, Hundenäpfe zu reinigen. Die erste Möglichkeit besteht darin, die Näpfe deines Hundes einzeln von Hand zu waschen. Du kannst sowohl den Futternapf als auch den Wassernapf auf die gleiche Weise waschen, aber denke daran, den Napf deines Hundes nicht mit deinem menschlichen Geschirr zu waschen. Das Erste, was du tun musst, ist, einen Schwamm und Spülmittel zu besorgen. Gib eine großzügige Menge Seife gemischt mit warmem Wasser in die Schüssel. Das Schrubben der Näpfe mit Seife hilft, angetrocknetes Futter zu entfernen. Wasche sowohl die Innen- als auch die Außenseite der Schüssel und spüle sie dann ab. Die meisten Hundefutternäpfe können auch in einer Spülmaschine gereinigt werden, wenn Rückstände vorher eingeweicht werden.

Die Näpfe deines Hundes sauber zu halten, kann dazu beitragen, deinen Hund gesund zu halten. Ein sauberer Napf trägt dazu bei, deinem Haustier ein zusätzliches Maß an Komfort zu bieten. Es wird auch deinem Hund helfen, seinen Appetit zu erhalten. All diese Dinge zusammen helfen, deinen Miniature American Shepherd glücklich zu machen.

KAPITEL 8
Die Fellpflege deines Mini American

„In der Americans-Gemeinschaft gibt es einen Spruch: ‚Americans haaren zweimal im Jahr. Jedes Mal dauert etwa 6 Monate.' Das heißt, Americans haaren wirklich viel! Regelmäßiges Baden und Bürsten hilft, das Ganze unter Kontrolle zu halten."

Cayla Cox
CC Miniature American Shepherds

Das Fell des Miniature American Shepherds

Miniature American Shepherds haben ein Fell, das dem der Standardform der Rasse sehr ähnlich ist. Das Fell ist in der Regel mittellang. Die Länge und Dichte des Fells kann von Hund zu Hund variieren.

Das Fell eines Miniature American Shepherds durchläuft eine Art Verwandlung, während er wächst und reift. Als Welpen sind Mini Americans meist flauschige Fellknäuel. Dieses Fell bleibt normalerweise gleich, bis der Welpe etwa 2 Monate alt ist. Dann beginnt die Adoleszenzphase des Fells. In dieser Phase ist das Fell im Allgemeinen viel dünner und sieht mehr wie einzelne Haarsträhnen aus. Mit zunehmender Reife wird das Fell langsam dicker und entwickelt sich zu seiner erwachsenen Form. Das Fell eines Hundes entwickelt sich meist bis zum zweiten Lebensjahr vollständig, kann sich jedoch im Alter oder nach einer Kastration/Sterilisation noch verändern. Die Pflege ist in allen Phasen des Haarwuchses wichtig. Das Fell muss wöchentlich gepflegt werden, um es gesund zu halten.

Zudem haben Hunde mit Doppelfell Sommer- und Winterfell. Der Wechsel zwischen den beiden Jahreszeiten im Frühling und Herbst führt zu starkem Haaren, das eine tägliche Pflege erfordern kann, bis der halbjährliche Fellwechsel abgeschlossen ist.

Bürsten für den Mini American

„Investiere in eine Bürste, die für Hunde mit Doppelfell konzipiert wurde. Fellkürzungen sind in der heißen Jahreszeit in Ordnung, aber achte darauf, dass es nicht zu kurz geschnitten wird, um das Doppelfell nicht zu beschädigen."

Cayla Cox
CC Miniature American Shepherds

Fellpflege ist besonders wichtig für Hunde, die im Haus leben, wenn du sie sauber halten und die herumfliegenden Fellknäuel minimieren möchtest. In den letzten Jahren gab es einige Innovationen bei Hundebürsten, die speziell für Hunde mit dickem Doppelfell entwickelt wurden. Die meisten oder alle dieser Bürsten sollten in deinem örtlichen Zoofachgeschäft oder online erhältlich sein.

Markenname	Merkmale/Vorteile	Nachteile
Unterfellrechen-bürste	• Entfernt Verfilzungen aus der Unterwolle und dem Hinterteil des Hundes • Die Metallenden sind abgerundet, um die Haut deines Hundes nicht zu verkratzen. • Hilft, lose und abgestorbene Haare zu entfernen • Entwickelt, um hartnäckige Verfilzungen bei deinem Hund zu entfernen • Die andere Seite ist, deinen Hund auszudünnen und zu enthaaren. • Wird deinen Hund nicht kratzen	• Besser für Mini Americans mit längerem Fell als für kurzhaarige Varianten • Dieser Kamm ist nicht geeignet, wenn dein Haustier offene Wunden hat, da er die Verletzungen verschlimmern kann. • Nur auf trockenem Fell verwenden
Metallkamm	• Kann am ganzen Hund verwendet werden • Sanft zu Welpen, wenn du den mit weit auseinanderstehenden Zähnen hast	• Muss wöchentlich angewendet werden, um Verfilzungen im Hundefell zu verhindern
Zupfbürste	• Diese Bürste hilft, Schmutz und andere Partikel aus dem Fell deines Hundes zu entfernen. • Gebogene Drahtborsten reizen oder kratzen die Haut deines Hundes nicht.	• Geht nicht leicht kaputt • Nicht so gut für dickere Fellschichten
Weiche Bürste	• Weiche Borsten eignen sich gut, um deinen Welpen zu trainieren, bevor er ein Erwachsenfell bekommt. • Kann im Gesicht, an den Beinen und Pfoten verwendet werden	• Hilft nicht bei Verfilzungen • Nicht hilfreich beim Bürsten dichter Fellbereiche

Foto Von
Lindsey Condra
Stillwater Ranch Kennel

Krallenpflege

Miniature American Shepherds haben, wie alle Hunde, sehr scharfe Krallen, die gelegentlich eine Pediküre benötigen. Obwohl sie keinen Schaden anrichten wollen, können sie leicht deine Couch oder Haut zerkratzen. Deshalb ist es wichtig, die Krallen ordentlich zu kürzen.

Du kannst beispielsweise Anleitungen zum Krallenschneiden online finden, oder einen professionellen Hundefriseur oder Tierarzt für relativ wenig Geld beauftragen, die Krallen für dich zu schneiden. Falls du die Krallenpflege selbst übernehmen möchtest, aber unsicher bist, wie weit du schneiden darfst, gibt es praktische Krallenschneider mit Sensor. Sie helfen dir dabei, das empfindliche Leben der Kralle nicht zu verletzen. Du kannst dich auch für eine einfache, aber hochwertige Krallenschere entscheiden, wenn du dir zutraust, die Krallen deines Hundes in der richtigen Länge zu schneiden.

Die Grundlagen des Krallenschneidens sind recht einfach. Der Trick ist zu wissen, wo man aufhören muss. Fasse zunächst sanft die Pfote deines Hundes und schneide langsam kleine Stücke der Kralle ab. Achte genau darauf, wo das Leben ist. Das Leben ist in weißen Krallen leichter zu erkennen als in schwarzen und sieht wie eine schwache horizontale Linie über die Kralle aus. Nachdem du jede Kralle an einer Pfote geschnitten hast, ist es ratsam, die Enden mit einer Nagelfeile zu bearbeiten und die Kanten abzurunden, bis sie nicht mehr scharf oder zackig sind. Auch hier musst du darauf achten, das Leben der Kralle nicht zu verletzen und nicht zu viel abzufeilen.

Zahnpflege

Die Zahnpflege deines Mini Americans ist entscheidend für seine Gesundheit. Wenn dein Hund wunde Zahnfleisch, Zahnschmerzen oder einen abszedierten Zahn bekommt, können Bakterien in den Blutkreislauf gelangen und seine inneren Organe infizieren.

Die erste Verteidigungslinie für die Zahngesundheit deines Mini Americans ist das Zähneputzen oder Kauartikel, die den Hund dazu anregen, Zahnbelag abzukratzen. Wenn du die Zähne putzt, solltest du dies täglich tun oder so oft wie möglich. Du benötigst eine spezielle Hundezahnbürste sowie Hundezahnpasta. Du kannst keine menschliche Zahnpasta für deinen Hund verwenden, da das in den meisten Zahnpastamarken enthaltene Fluorid für sie giftig sein kann. Viele Hundezahnpasten sind aromatisiert, damit dein Hund sie besser akzeptiert.

Foto Von
Ashley Adkisson

Einen Hund dazu zu bringen, das Zähneputzen zu akzeptieren, ist keine leichte Aufgabe. Am besten beginnst du damit, wenn du deinen Miniature American Shepherd als Welpen bekommst. Fange langsam an und putze beim ersten Versuch nur kurz. Verlängere jeden Tag, an dem du die Zähne deines Hundes putzt, langsam die Putzzeit. Bis dein Hund im Jugendalter ist, sollte er an den Vorgang gewöhnt sein und die Zahnpflege leichter akzeptieren.

Kauartikel und Knochen für die Zahngesundheit sind in der Regel einfach und für einen Hund recht natürlich anzunehmen. Das Schwierigste ist, etwas zu finden, das die Zähne reinigt und das dein Hund gerne kaut. Achte auch darauf, dass dein Kauartikel nicht so hart ist, dass es einen Zahn brechen könnte, und ersetze es, wenn es zur Erstickungsgefahr wird, zum Beispiel wenn es gegen Ende der Nutzung klein wird.

Du kannst auch spezielle Zusätze gegen Plaque und Zahnstein für den Wassernapf deines Hundes kaufen. Dafür gibst du einfach täglich eine kleine Menge in das Wasser deines Hundes. Während dein Hund trinkt, hilft der Zusatz, Zahnstein, Plaque und andere ungesunde Ablagerungen zu reduzieren, die auf den Zähnen deines Hundes entstehen können. Diese Zusätze können auch den Atem deines Hundes verbessern und seine Zähne aufhellen.

Schließlich solltest du regelmäßige Zahnkontrolltermine bei deinem Tierarzt oder einer anderen qualifizierten Fachkraft vereinbaren. So werden Probleme frühzeitig erkannt und Mundprobleme behoben, bevor sie schlimmer werden.

Einen professionellen Hundefriseur finden

Wenn du die Pflege von Fell, Krallen und Zähnen deines Hundes nicht allein übernehmen möchtest, lohnt es sich, eine vertrauensvolle Beziehung zu einem seriösen Hundefriseur in deiner Nähe aufzubauen. Eine der besten Methoden, einen professionellen Hundefriseur zu finden, ist die Mundpropaganda. Scheue dich nicht, andere Miniature American Shepherd-Besitzer oder deinen Tierarzt um Empfehlungen zu bitten.

Du kannst auch online nach Hundefriseuren suchen. Es gibt viele Websiten, die professionelle Hundefriseure bewerten. Hundefriseure in deiner Nähe zu finden und ihre Bewertungen zu sehen, ist so einfach wie die Eingabe deiner Postleitzahl." Lies die Bewertungen und sieh dir an, was andere Hundebesitzer über verschiedene Hundefriseure denken, bevor du eine Entscheidung triffst.

Sobald du den passenden Hundefriseur gefunden hast, achte darauf, dass er deine Erwartungen genau kennt. Wenn du möchtest, dass die Krallen deines Haustieres geschnitten und lackiert werden, teile ihm das mit. Wenn du möchtest, dass dein Hund einen bestimmten Schnitt bekommt, lass es ihn wissen. Sie können deinen Hund baden oder gegen Flöhe behandeln. Ein guter Hundefriseur übernimmt auch unangenehme Aufgaben wie die Reinigung der Analdrüsen. Das trägt dazu bei, dass dein Hund sich wohler fühlt – und besser riecht –, besonders wenn die Drüsen verstopft sind.

KAPITEL 9
Körperliche & Geistige Gesundheit

„Wenn sie geliebt werden und sich sicher fühlen, sind sie nicht ‚hyperaktiv', wie viele Artikel behaupten. Richtig erzogen und mit einem ausreichend großen Garten zum Spielen, werden sie zufrieden zu deinen Füßen liegen. Zwei zu haben ist besser als einen allein, wenn du den ganzen Tag bei der Arbeit bist."

Ginny DeLeon
Broken D Bar Ranch

Bewegungsanforderungen für Miniature American Shepherds

Miniature American Shepherds stammen von einer langen Linie von Hütehunden ab. Hütehunde haben die Ausdauer und Fähigkeit, Seite an Seite mit ihren menschlichen Begleitern bei fast jedem Wetter

Foto Von
Devin Neal

stundenlang auf dem Feld zu arbeiten. Aufgrund ihrer Zuchtgeschichte benötigen Miniature American Shepherds sehr viel Bewegung, sowohl geistig als auch körperlich. Es ist wichtig, dass du sie trainierst und ihnen Spiele anbietest, die Gehirn und Körper stimulieren.

Arten der körperlichen Bewegung

Körperliche Bewegung ist etwas, das alle Hunde für ihre Gesundheit brauchen. Ihre Vorfahren waren dafür gebaut, zu wandern zu gehen und Beute zu erlegen. Sie sind von Natur aus keine sesshaften Tiere. Um deinen Hund in Form und auf dem richtigen Weg zu guter körperlicher und geistiger Gesundheit zu halten, hier einige Bewegungsarten, die du in Betracht ziehen kannst.

Spazieren/ Laufen: Wenn du in der Stadt lebst, kannst du mit deinem Hund lange Spaziergänge und Läufe unternehmen. In Städten ist es nicht ungewöhnlich, Menschen zu sehen, die mit ihren Haustieren auf Gehwegen, an Stränden, in Parks oder über die Straße spazieren. Aufgrund ihres aktiven Erbes sind erwachsene Mini Americans ideale Partner für Läufer, die für alles vom lokalen Volkslauf bis zum Marathon trainieren. Menschen, die in weniger dicht besiedelten Gebieten leben, sieht man oft mit ihrem Miniature American durch ein Feld oder eine Landstraße entlang gehen. Gehen und Laufen sind beides Formen von Cardio-Training, die gut für das Herz deines Haustieres sind und die Bindung zwischen dir und deinem Hund fördern.

Foto Von Britt Lastoka

Achte einfach darauf, mögliche Ablenkungen im Blick zu behalten und die Leine deines Hundes gut festzuhalten. Mini Americans können von Natur aus beschützend gegenüber ihren Besitzern sein, daher ist es wichtig, selbstbewusst und fokussiert zu bleiben, um deinen Hund zu beruhigen.

Apportieren: Wenn du einen großen Garten oder einen verfügbaren Platz hast, wo du deinen Hund frei laufen lassen kannst, kannst du ihm beibringen, Gegenstände zu apportieren und zu dir zurückzubringen. Das ist eine großartige Form der körper-

Foto Von
Matthew Macesich

lichen Bewegung für deinen Vierbeiner. Du kannst Tennisbälle, Frisbees oder sogar einen guten alten Stock werfen und deinen Hund hinterherlaufen lassen. Andere Dinge, die Hunde gerne jagen, sind Hundespielzeug und Kauseile.

Agility-Wettkämpfe: Einige Menschen und ihre Hunde mögen gerne Agility-Parcours. Es gibt Kurse, die dir helfen, deinen Hund zu trainieren, diese erfolgreich zu absolvieren. Zu den üblichen Hindernissen gehören Slalomstangen, Tunnel, Sprünge über Stangen, Reifensprünge und Leiterklettern. Dein Hund muss all dies schnell und präzise bewältigen. Da Mini Americans historisch gesehen Arbeitshunde sind, lieben sie es oft, eine Aufgabe zu haben, die sie aktiv hält und ihnen Liebe und Zuneigung von ihrem Besitzer einbringt.

Schwimmen: Viele Miniature Americans lieben das Wasser. Eine flache Stelle, an der sie planschen und herumlaufen können, bietet ihnen eine tolle Möglichkeit zur Bewegung. Normalerweise folgt dir dein Mini American, wenn du ins Wasser watest. Schwimmen ist besonders gut für Haustiere mit Arthritis oder ältere Hunde, die etwas weniger Anstrengendes brauchen. Einige Mini Americans holen sogar Gegenstände aus dem Wasser, wenn man sie wirft. Achte nur darauf, nichts zu weit ins Wasser zu werfen und deinen Hund stets im Blick zu behalten.

Mit anderen Hunden spielen: Wenn du mehr als einen Hund hast, ist dies eine einfache Form der Bewegung. Du kannst deine Hunde einfach in den Garten lassen und sie spielen lassen. Hunde sind Rudeltiere und fühlen sich wohler, wenn sie Hundegesellschaft haben. Wenn nur einen Hund besitzt, kannst du Spielverabredungen mit den Hunden deiner Nachbarn oder Freunde vereinbaren oder nahegelegene Hundeparks besuchen. Achte nur auf aggressives Verhalten deines Hundes oder anderer Hunde.

Arten der geistigen Bewegung

„Mini Americans benötigen ein überdurchschnittliches Maß an Bewegung. Morgendliche und abendliche Spaziergänge sind ideal. Frisbee-Spielen ist eine großartige Alternative zu Spaziergängen, und Americans lieben die Herausforderung, die Frisbee zu fangen."

Ashley Bryan
Ashley's Americans

Clickertraining

Wenn du planst, deinem Hund verschiedene Gehorsamsübungen beizubringen, bist du schon auf dem besten Weg, ihn geistig zu fordern und zu fördern. Hunde benötigen es, ein Kommando hören um zu verstehen, was du von ihnen möchtest. Die meisten Hunde können diese Hinweise leicht aufnehmen. Für den sturen Hund ist manchmal ein Clicker die beste Antwort. Das handliche Gerät erzeugt ein Klickgeräusch, das Hunde hören und als Belohnung ansehen. Das liegt daran, dass der Trainer, wenn sie etwas richtig machen, in der Regel auf das Gerät klickt und ihnen dann eine Leckerei oder Futterbelohnung anbietet. Online oder über lokale Trainingsange-

Foto Von
Kristen Boyd

bote findest du viele hilfreiche Informationen zur richtigen Anwendung des Clickertrainings.

Geruchstraining

Eine Möglichkeit, Langeweile bei deinem Miniature American Shepherd zu bekämpfen, ist, ihm beizubringen, wie er mit seiner Nase nach Gegenständen suchen kann. Du kannst mit Dingen beginnen, die einen ausgeprägten Geruch haben, wie ein Lieblingsleckerli oder -spielzeug. Beginne damit, die Gegenstände an ziemlich leicht zu findenden Stellen zu platzieren. Um deinen Hund zu führen, bis er es als Spiel erkennt, ist es am besten, ihn an die Leine zu nehmen und ein Kommando zu geben. Du kannst beispielsweise „such", „finde", „hol's" oder etwas Ähnliches sagen. Bald wird dein Hund verstehen, dass er nach einem Objekt suchen soll.

Zertifizierungen und Wettbewerbe im Bereich Nasenarbeit werden in ganz Deutschland immer beliebter. Schau daher nach Veranstaltungen in deiner Nähe.

Das Becherspiel

Wenn du Fernsehen schaust oder ins Kino gehst, hast du höchstwahrscheinlich das Hütchenspiel gesehen. Dabei hast du drei Becher, legst einen Gegenstand unter einen der Becher und mischst sie dann. Die Person wählt dann, unter welchem Becher sich ihrer Meinung nach der Gegenstand befindet. Du kannst dies auch mit Hunden machen. Aufgrund ihres unglaublichen Geruchssinns können sie normalerweise den richtigen Becher wählen. Du kannst deinem Mini American beibringen, den Becher mit seiner Nase oder Pfote zu identifizieren. Es ist ein unterhaltsames und interaktives Spiel für euch beide.

Spielzeugrotation

Wenn du alle paar Monate neues Spielzeug kaufst, ist es sinnvoll, es mit etwas altem Spielzeug zu tauschen. Wenn du deinem Hund zum Beispiel ein brandneues Kauspielzeug kaufst, lege ein oder zwei seiner alten weg, um sie später wieder hervorzuholen. Er wird sich freuen, sie wiederzusehen, und es wird ihn davor bewahren, sich mit demselben alten Spielzeug zu langweilen.

Versteck-Spielzeug für Leckerlis

Wenn du Spielzeug für deinen Hund kaufst, achte auch auf solche, bei denen dein Hund etwas tun muss, um an das Leckerli zu kommen. Diese Spielzeuge sind großartig für Hunde, die eine Herausforderung brauchen oder die tagsüber allein zu Hause sind. Sie werden länger beschäftigt sein, wenn sie entschlossen sind, an die Leckerbissen im Inneren zu kommen.

Trick Training

Hast du jemals Hunde im Fernsehen auftreten sehen? All diese Hunde können viele Tricks. Das Tricktraining stärkt nicht nur die Bindung zwischen euch, sondern bringt auch Struktur in deinen Alltag, wenn du jeden Tag ein bisschen Zeit mit deinem Hund trainierst. Tricktraining bringt sie dazu, darüber nachzudenken, was du von ihnen verlangst und lässt dich mit deinem Hund im Teamwork arbeiten. Es gibt verschiedene Apps und Bücher, die dich durch die Schritte jedes Tricks führen können, um ihn deinem Hund beizubringen.

Deinem Mini American helfen, beschäftigt zu bleiben

Anders als du kann dein Hund in seiner Freizeit nicht fernsehen, am Computer sitzen oder ins Handy starren. Geh bei jeder Gelegenheit mit deinem Hund nach draußen und spiele mit ihm. In großen Städten gibt es viele Optionen für haustierfreundliche Restaurants, Hundeparks und Hundesalons, und Hundegruppen sind in der heutigen Zeit viel beliebter geworden.

Wenn du in einer ländlichen Gegend oder in der Nähe von Parks und Wanderwegen wohnst, geh einfach mit deinem Hund nach draußen„Lass ihn dir folgen, während du dich deinen Projekten widmest, und leg zwischendurch kurze Pausen ein, um ihm einen Ball oder eine Frisbee zu werfen. Selbst wenn du nur im Garten arbeitest, wird dein Hund deine Nähe genießen und die Gelegenheit haben, sich frei zu bewegen. Das entspricht übrigens genau dem, wie ein Mini American früher seine Zeit verbrachte, wenn er gerade kein Vieh hütete.

Mini Americans brauchen Aktivitäten, die sie auslasten und geistig fordern. Bevor du dich für eine Aktivität entscheidest, informiere dich jedoch über die geltenden Leinenpflichten in deiner Region

KAPITEL 10

Routinemäßige Tierarztbesuche & Gesundheit

Der Besuch in der Tierarztpraxis

Regelmäßige Tierarztbesuche mit deinem Hund sind von größter Bedeutung für die allgemeine Gesundheit deines Vierbeiners. Welpen benötigen mehrere Impfungen. Auch später kann der Tierarzt dir und deinem Hund helfen, gesundheitliche Probleme wie Parasitenprobleme, Gewichtszunahme oder -verlust, Erkrankungen, Fortpflanzungsgesundheit und mehr zu bewältigen.

Einen Termin bei Tierarzt zu vereinbaren ist ähnlich wie einen Arzttermin für dich selbst zu machen. Wenn du mit einem neuen Hund zu einem neuen Tierarzt gehst, wird dieser höchstwahrscheinlich nach dem Namen deines Hundes, sein Alter, seine Rasse und deine Kontaktnummer fragen. All diese Informationen werden in eine Akte aufgenommen.

Sobald du in der Tierarztpraxis ankommst, wird der Tierarzt oder die Tierarzthelferin genauere In-

*Foto Von
Clair Clauser*

formationen einholen. Dabei wirst du nach Hintergrunddaten gefragt, die dir idealerweise dein Züchter mitgegeben hat. Sie möchten wissen, ob der Welpe bereits Impfungen oder Wurmkuren erhalten hat. Ein guter Tierarzt wird darauf achten, deinem Hund keine unnötigen Medikamente zu verschreiben und den Besuch für deinen vierbeinigen Freund so schmerzfrei wie möglich zu gestalten.

Der Tierarzt wird deinen Welpen wiegen und eine Untersuchung seiner Nase, Ohren, Gliedmaßen, Augen und seines Mauls durchführen. Er wird deinem Welpen alle notwendigen Impfungen geben und diese dokumentieren. Wenn dein Welpe Impfungen oder andere Injektionen erhält, sollte der Tierarzt dir genau erklären, was jede Spritze enthält. Möglicherweise wird auch eine Kotuntersuchung durchgeführt, um festzustellen, ob dein Hund Würmer oder Parasiten hat. Wenn dies der Fall ist, wird der Tierarzt den Befall entsprechend behandeln und höchstwahrscheinlich einen Folgetermin vereinbaren, um sicherzustellen, dass das Problem behoben wurde.

Nach der Beendigung deines Termines, wird dir an der Rezeption ein Folgetermin mitgeteilt um den nächsten Besuch deines Welpen planen. Die meisten Tierärzte geben dir nach deinem ersten Besuch ein Pflegepaket mit nach Hause. Das Paket kann verschiedene Futterproben enthalten, die dein Tierarzt empfiehlt. Es kann auch Gutscheine für Tierfutter oder Spielzeug beinhalten. Manche Tierärzte geben dir sogar eine Hundezahnbürste oder ein paar Trainingsunterlagen zum Einstieg mit. Normalerweise enthält es Impfnachweise und einen Folgeplan für deinen Welpen, um die Impfserie abzuschließen.

Würmer & andere Parasiten

Arten von Würmern

- **Spülwürmer**
  Spulwürmer findet man üblicherweise bei Welpen, jedoch können auch ausgewachsene Hunde Würmer bekommen. Sie werden typischerweise übertragen, wenn ein Hund mit dem Kot eines infizierten Tieres in Kontakt kommt. Spulwürmer sind normalerweise ein paar Zentimeter lang und sehen wie dünne Spaghetti aus. Sie leben im Verdauungstrakt deines Hundes und ernähren sich von der Nahrung, die dein Hund zu sich nimmt. Dies kann dazu führen, dass dein Hund entweder abgemagert aussieht oder einen aufgeblähten Bauch bekommt. Wenn dein Hund Spulwürmer hat, zeigt er häufig Symptome wie Durchfall und Erbrechen. In der Regel sind mehrere Behandlungen nötig, um alle Würmer und ihre Larven vollständig zu beseitigen.

- **Herzwürmer**
  Herzwürmer gehören zu einer anderen Art von Rundwürmern und

Foto Von
Taylor Hall

werden durch Mückenstiche übertragen. Wenn Mücken Blut von einem anderen Tier mit Wurmlarven saugen, können sie die Larven auf ihr nächstes Opfer übertragen. Trotz des Namens können Herzwürmer sowohl die Lunge als auch das Herz eines Hundes befallen. Herzwürmer können bei deinem Hund Husten verursachen. Der Hund wird auch extreme Müdigkeit entwickeln und weniger aktiv werden. Normalerweise beginnen Hunde an Gewicht zu verlieren, wenn ihr Herz zu versagen beginnt. Symptome zeigen sich normalerweise nicht bei jungen Welpen, da die Würmer nach der Infektion mehrere Monate brauchen, um sich zu entwickeln.

- **Bandwürmer**

Hunde bekommen Bandwürmer durch die Aufnahme von Flöhen. Nach der Aufnahme befallen die Würmer den Darm des Hundes. Ein Anzeichen für Bandwürmer sind Teile des Wurms im Kot deines Hundes. Ein weiteres Anzeichen könnte ein gesteigerter Appetit sein, da die Würmer lebenswichtige Nährstoffe aufnehmen. Bandwürmer sind behandelbar und für erwachsene Hunde normalerweise nicht schädlich. Bei Welpen können sie jedoch tödlich sein. Es ist selten, dass Würmer von Haustieren auf Menschen übertragen werden.

● **Hakenwürmer**
Ähnlich wie Bandwürmer heften sich Hakenwürmer an die Darm-
schleimhaut des Hundes. Herzwürmer können bereits im Mutterleib auf
Welpen übertragen werden. Bei Tieren aus seriöser Zucht ist das selten,
bei geretteten oder adoptierten Welpen jedoch möglich. Hakenwürmer
können durch die Plazenta der Mutter oder sogar durch die Muttermilch
nach der Geburt der Welpen übertragen werden. Bei erwachsenen
Hunden können sie durch Kotmaterial übertragen werden. Diese Würmer können Anämie, Husten und Hautreizungen verursachen. Obwohl
Menschen sie nicht direkt bekommen können, können Hakenwürmer
zu Hautreizungen führen. Zwar können sich die Larven in die Haut eines Menschen eingraben, doch sie reifen dort nicht zu ausgewachsenen
Würmern heran.

Flöhe & Zecken

Die lästigsten Schädlinge, mit denen du und dein Hund zu kämpfen haben werden, sind Flöhe und Zecken. Eine Zecke hat acht Beine und ein spin-
nenartiges Aussehen. Ein Floh sieht wie ein winziges, komplett schwarzes
oder braunes Insekt aus. Beide sind im Sommer eine verbreitete Bedrohung für deinen Hund, und Flöhe können auch in den Wintermonaten aktiv
bleiben. Flöhe und Zecken verursachen nicht nur Juckreiz bei deinem Haustier, sondern können auch Träger gefährlicher Krankheiten sein.

Wie bereits erwähnt, können Flöhe Bandwürmer übertragen. Wenn die
Flohlarven ein Bandwurmei fressen, werden sie zum Wirt. Sobald der Floh
auf deinen Hund gelangt, verursacht er Juckreiz. Manchmal benutzen Hunde beim Jucken ihr Maul, um den Floh zu entfernen. Wenn dein Hund den
Floh verschluckt, erbt er den Bandwurm, den der Floh getragen hat.

Zu den häufigsten durch Zecken übertragenen Krankheiten gehören die
Lyme-Borreliose und das Rocky-Mountain-Fleckfieber. Letzteres kann zu inneren Blutungen führen und Organe wie Gehirn, Nieren, Leber und Herz
schädigen. Du wirst die kleinen Flecken an Stellen sehen, an denen dein
Hund kein Fell hat. Zudem kann der Hund Fieber haben oder erbrechen.
Sobald du den Verdacht hast, dass dein Hund krank sein könnte, solltest du
sofort deinen Tierarzt kontaktieren.

Die Lyme-Borreliose ist eine weitere zeckenbedingte Krankheit, für die
Hunde sehr anfällig sind. Im Gegensatz zum Rocky-Mountain-Fleckfieber
zeigt ein mit Lyme-Borreliose infizierter Hund möglicherweise nicht sofort

Symptome. Wenn Symptome auftreten, umfassen sie typischerweise Entzündungen in der Nähe der Bissstelle, Fieber, steifer Gang und Atemprobleme. Ein Tierarzt kann Antibiotika für Haustiere verschreiben, die mit der Krankheit infiziert sind.

Die Entscheidung zur Kastration oder Sterilisation

Nachdem du deinen Welpen adoptiert hast, musst du entscheiden, ob du deinen Hund kastrieren oder sterilisieren lassen möchtest. Deine Entscheidung kann von verschiedenen Faktoren beeinflusst werden – etwa davon, ob du deinen Hund züchten möchtest, welche Bedingungen dein Züchter stellt und ob es sich um ein Männchen oder Weibchen handelt.

Ein Grund, deinen Miniature American Shepherd kastrieren oder sterilisieren zu lassen, ist die Einschränkung unverantwortlicher und ungebildeter Zucht. Heutzutage scheint jeder versuchen zu wollen, durch den Verkauf von Welpen Geld zu verdienen. Was viele nicht erkennen: Nachdem seriöse Züchter alle Tests, Recherchen, Impfungen, Welpenpflege usw. durchgeführt haben, werden sie in der Regel nicht reich. Besonders wenn man die ganze Zeit bedenkt, die sie mit der Aufzucht und Sozialisierung ihrer Würfe verbringen.

Oft verlieren diejenigen, die Hunde adoptieren, das Interesse, wenn der Hund älter wird oder sich ihre Lebensumstände so verändern, dass sie ihren Welpen nicht mehr unterbringen können. Einige Leser dieses Buches werden mit dem hohen Energieniveau des Miniature American nicht zurechtkommen. Viele Menschen verfügen nicht über grundlegende Kenntnisse zu Struktur, Temperament und Genetik eines gut gezüchteten Hundes, züchten aber trotzdem in Liebhaberqualität – oft mit dem Ziel, schlecht gezüchtete und unsozialisierte Welpen zu produzieren, um damit Profit zu machen. Wenn dies geschieht, haben die schlecht vorbereiteten Hunde mit negativen Konsequenzen zu kämpfen.

Wenn du dich fürs Züchten entscheidest, achte darauf, es verantwortungsvoll zu tun. Informiere dich eingehend über Struktur, Stammbäume, genetische Einflüsse auf Persönlichkeit und Gesundheit und lasse alle wichtigen Tests an deinem Hund durchführen, bevor du beginnst. Zuchthunde sollten dem Rassestandard entsprechen. Sie sollten ein leuchtendes Beispiel für das Erbe und die einzigartigen Eigenschaften sein, die der Standard bewahren soll.

Manche Hunde landen in Tierheimen. Diese Hunde haben großes Glück, wenn eine Familie sie adoptiert. Wenn Hunde nicht innerhalb einer angemessenen Zeit adoptiert werden, werden sie oft eingeschläfert, wenn das Tierheim seine Kapazitätsgrenze erreicht und Platz für weitere Tiere benötigt. Ausgenommen sind Tierheime ohne Tötung sowie Tierschutzorganisationen.

Wenn du eine Kastration oder Sterilisation in Betracht ziehst, gibt es sowie positive Aspekte des Eingriffs, als auch Nachteile. Beide sind relativ einfache Verfahren. Sprich mit deinem Tierarzt und informiere dich über die örtlichen Verordnungen, um den geeigneten Zeitpunkt für deinen Welpen zu wählen. Lass uns besprechen, was die Verfahren beinhalten.

Bei der Kastration wird ein männlicher Hund kastriert, damit er sich nicht fortpflanzen kann. Die Kastration beeinträchtigt nicht die Harnwege der Männchen und wird sie auch nicht davon abhalten, Dominanzverhalten zu zeigen oder Verhaltensweisen wie Markieren zu unterbinden. Aber sie kann Verhaltensweisen abschwächen, die durch Sexualhormone verstärkt werden.

Die Kastration eines männlichen Miniature American Shepherd kann verhindern, dass dein Hund versucht, aus dem Garten oder Haus zu entkommen, weil er nicht mehr nach läufigen Hündinnen sucht. Es reduziert auch die Wahrscheinlichkeit unerwünschter und schlecht gezüchteter Welpen.

Die Sterilisation ist die Unfruchtbarmachung einer Hündin. Sterilisierte Hündinnen kommen nicht in die Läufigkeit, wenn sie eine vollständige Hysterektomie haben. Das ist hilfreich, weil eine läufige Hündin nicht nur unordentlich ist, sondern auch unerwünschte Rüden auf dein Grundstück locken kann, die deinen Miniature American decken und so einen schlecht gezüchteten oder unerwünschten Wurf verursachen könnten.

Es gibt 2 häufig verwendete Arten der Sterilisation. Die erste ist die häufigste, eine totale Hysterektomie. Dabei entfernt der Tierarzt sowohl die Gebärmutter als auch die Eierstöcke. Die sogenannte Tubenligatur ist eine Methode, bei der die Eierstöcke der Hündin erhalten bleiben. Dadurch produziert sie weiterhin die wichtigen Hormone für eine ordnungsgemäße Entwicklung, kann aber keine Welpen mehr bekommen. Bei dieser Methode kann die Hündin immer noch einen Zyklus haben, es sei denn, die Gebärmutter wird ebenfalls entfernt.

Stelle nach der Sterilisation oder Kastration sicher, dass dein Hund einen ruhigen Ort zum Ausruhen und Erholen gemäß den Anweisungen deines Tierarztes hat.

Foto Von
Dalton Petru & Bailee Gremmel

Impfungen

Die Impfung deines Miniature American Shepherd ist einer der wichtigsten Aspekte der Gesundheit deines Hundes. Impfungen können deinen Welpen davor bewahren, lebensbedrohliche Krankheiten zu bekommen und sie auf deine Familie oder andere Haustiere zu übertragen.

Obwohl Impfungen kostspielig sein können, sind sie eine entscheidende Investition sowohl in die Gesundheit deines Hundes als auch in die Gesundheit deiner Familie. Und sie sind weitaus günstiger als die Behandlung der Krankheiten, die sie verhindern.

Gängige Impfungen

Nachfolgend findest du einige gängige Impfungen für Hunde. Auffrischungsimpfungen können von deinem Tierarzt in bestimmten Intervallen nach der ersten Dosis oder Serie empfohlen werden.

- **SHPPi:** Dieser Impfstoff wird meist als „Welpenimpfung" oder „Grundimmunisierung" bezeichnet. Es ist eine Kombinationsimpfung, die in einer Spritze verabreicht wird. SHPPi schützt gegen Staupe, Hepatitis, Parvovirose und Parainfluenza. Die Hepatitis kann durch Blut, Speichel, Urin oder Kot von anderen Hunden oder hundeartigen Tieren übertragen werden und kann Nieren- und Lebererkrankungen verursachen.

  SHPPi schützt zudem gegen Parainfluenza, ein Atemwegsvirus, das bei Hunden Husten und Atembeschwerden verursacht. Das Virus kann leicht von anderen Hunden übertragen werden. Normalerweise sind überfüllte Orte wie Hundeparks oder Zwinger, in denen eine große Anzahl von Hunden gehalten wird, Hochrisikogebiete für deinen Hund, um eine ansteckende Krankheit zu bekommen. Wenn dein Hund häufig mit anderen Hunden zusammen sein wird, kann diese Impfung lebensrettend sein.

  Schließlich hilft SHPPi, Parvovirose zu verhindern. Parvoviren greifen den Verdauungstrakt von Welpen an. Es braucht nur eine sehr kleine Menge des Virus, um deinen Welpen extrem krank zu machen. Das Virus kann dazu führen, dass das Tier erbricht oder Durchfall hat. Es wird im Allgemeinen durch das Maul oder die Nase des Hundes durch andere Tiere übertragen. Es ist eines der am leichtesten zu fangenden Viren.

- **Kennel Cough:** Bordetella Bronchiseptica, oder Zwingerhusten, betrifft das Atmungssystem und verursacht Entzündungen. Er wird normalerweise dort übertragen, wo es große Gruppen von Hunden gibt, wie in Zwingern, Hundeparks, Hundertagesstätten und ähnlichen Orten. Zwingerhusten ist sehr gut behandelbar, kann aber durch eine schnelle Impfung vollständig vermieden werden.

- **Rabies:** Tollwut ist eine tödliche Krankheit, die sowohl das Rückenmarksgewebe als auch die Gehirnzellen deines Hundes betrifft. Tollwut kann über den Speichel eines kontaminierten Tieres übertragen werden. Einige Tiere, die häufig die Krankheit tragen, sind Stinktiere, Kojoten, Füchse, Fledermäuse, Waschbären, Katzen und Opossums. Tollwut kann so lange wie ein paar Monate oder so kurz wie eine Woche dauern, bis Symptome auftreten. Hunde werden normalerweise ängstlicher. Diese Ängstlichkeit oder Nervosität wird sich dann in Wut verwandeln. Infizierte Hunde schäumen aus dem Maul und werden aggressiv, greifen sogar Freunde und Lieben an und müssen im schlimmsten Fall eingeschläfert werden. Es gibt keine bekannte Heilung, daher ist diese Impfung ein Muss.

Es ist wichtig, dass du sicherstellst, dass dein neuer Welpe mit seinen Impfungen auf dem neuesten Stand ist. Wenn der Züchter, bei dem du gekauft hast, dies versäumt hat, solltest du sofort deinen Tierarzt kontaktieren, um die Impfungen nachzuholen.

Ein empfohlener Impfplan vom VDH ist unten aufgeführt:

Alter	Empfohlene Impfungen	Optionale Impfungen
6 bis 8 Wochen	Staupe, Hepatitis, Parvovirose	Zwingerhusten (Bordetella)
10 bis 12 Wochen	SHPPi (Staupe, Hepatitis, Parainfluenza, Parvovirose)	Leptospirose, Zwingerhusten, Borreliose
12 bis 24 Wochen	Tollwut	Keine

14 bis 16 Wochen	SHPPi	Leptospirose, Borreliose
12 bis 16 Monate	Tollwut, SHPPi	Leptospirose, Zwingerhusten, Borreliose
Alle 1 bis 2 Jahre	SHPPi	Leptospirose, Zwingerhusten, Borreliose
Alle 3 Jahre	Tollwut	Keine

Ihr Hund benötigt jährliche Auffrischungsimpfungen für SHPPi. Die Tollwutimpfung wird nach der ersten Auffrischung alle drei Jahre wiederholt.

KAPITEL 11
Sozialisierung mit Menschen & Tieren

Die Bedeutung guter Sozialisierung

„Sobald dein Welpe seine Impfungen bekommen hat, kannst du ihn zu Welpenkursen, zu Freunden, in den Zoofachhandel oder zum Hundefriseur mitnehmen. Lass Menschen zu dir nach Hause kommen und erlaube ihnen, den Welpen zu halten und mit ihm zu spielen."

Mary Kirkpatrick
Eastcoast Americans

Hunde sind soziale Tiere und blühen auf, wenn sie nicht nur mit ihrem Besitzer, sondern auch mit anderen Menschen und Hunden Bindungen eingehen. Hunde, die nicht richtig sozialisiert werden, können ungewöhnlich aggressiv oder scheu werden.

Die Sozialisierung deines Hundes macht ihn glücklicher und gesünder. Sie hilft ihm, weniger Angst in sozialen Situationen wie dem Besuch von Gästen oder Familienmitgliedern zu haben und sich besser an den Alltag anzupassen. Ein gut sozialisierter Hund kann mit dir in Parks gehen und kommt freundlich mit Besuchern zurecht.

Wege, deinen Hund mit anderen Tieren zu sozialisieren

„Beginne sofort mit der Sozialisierung mit so vielen anderen Hunden und Welpen wie möglich. Versuche immer, dass es eine positive Interaktion wird, und stelle sicher, dass die anderen Hunde nett im Umgang sind. Mini Americans brauchen viel Sozialisierung mit anderen Hunden. Sie binden sich sehr gut an Menschen, können aber anderen Hunden gegenüber etwas distanziert sein, wenn sie nicht früh und häufig sozialisiert werden."

Gary Long
Hilltop Americans

Die beste Zeit, einen Hund zu sozialisieren, ist im Welpenalter. Welpen können mit dem Sozialisierungsprozess beginnen, sobald ihre Augen geöffnet sind und sie ihre Sinne nutzen können. Obwohl sie möglicherweise bereits mit ihren Wurfgeschwistern und früheren Besitzern soziali-

Foto Von
Nikki Gomez

siert wurden, musst du den Sozialisierungsprozess fortsetzen, sobald sie in deinem Zuhause sind. Hier werden sie neue Menschen, andere Tiere und möglicherweise andere Haustiere kennenlernen, die bereits in deinem Haushalt leben.

Wenn du deinen Welpen nach Hause bringst, lass ihn sich an den Anblick, den Geruch und die Geräusche anderer Menschen oder Tiere in deinem Zuhause gewöhnen. Beginne damit, deinen Welpen in den Bereichen herumstreifen zu lassen, zu denen er Zugang haben wird. Höchstwahrscheinlich wird er an allem schnüffeln und vielleicht sogar versuchen, an einigen Dingen zu kauen.

Du solltest deinen Welpen auch verschiedenen Geräuschen aussetzen. Ihn Radio oder Fernsehen hören zu lassen, ist eine gute Möglichkeit, ihm zu helfen, eine Vielzahl verschiedener Geräusche zu erleben. Du kannst ihn auch an die Waschmaschine, Elektrowerkzeuge, Staubsauger, Küchentimer und andere Gegenstände gewöhnen, die laute Geräusche machen.

Ein wichtiger Teil der Sozialisierung deines Welpen ist das Angehen von Verhaltensweisen, die aggressiv oder unsozial sind. Zum Beispiel könnten sie beim Fressen knurren, weil ihre Geschwister früher versucht haben, ihnen das Futter wegzunehmen. Sie könnten auch während des Spielens knurren oder beißen. Wenn du frühzeitig Wege findest, diese Verhaltensweisen zu ändern, verhinderst du, dass sie sich verfestigen und normal werden, während dein Welpe heranwächst.

Erwäge ausgewogene Trainingsmethoden. Lobe deinen Welpen, wenn er sich angemessen verhält und du sein Verhalten fördern möchtest, aber scheue dich nicht, sein Verhalten zu korrigieren und dann zu verstärken, wie du möchtest, dass er sich verhält. Wenn du Probleme mit deinem Welpen hast, beginne sofort mit einem Trainer zusammenzuarbeiten, um das Verhalten einzudämmen.

Der beste Weg, dies zu tun, ist, konsequent bei deinem Welpen zu sein. Interagiere zum Beispiel mit ihm, während er frisst. Sei höflich, aber lass ihn wissen, dass du ihn auch dann streicheln darfst.

Disziplinere deinen Welpen, wenn er während des Spielens knurrt oder nach dir schnappt. Eine einfache Methode, deinem Welpen beizubringen, dass das Verhalten unerwünscht ist, besteht darin, das Spiel zu unterbrechen und ihm für einige Minuten keine Aufmerksamkeit zu schenken. Dein neuer Welpe wird verstehen, dass dieses Verhalten nicht zu den Belohnungen von Aufmerksamkeit und Spiel führt. Wenn du das vernachlässigst, könnte dein Welpe bei solchen Aktivitäten aggressiv gegenüber anderen Menschen reagieren

Foto Von
Shari Stevens

Richtige Begrüßung neuer Menschen

„Sie können manchmal überaufgeregt werden und aus Zuneigung an der Hand ihres Besitzers knabbern. Ich greife nach unten und tippe ihnen mit meinen zwei Zeigefingern auf die Nase und sage ihnen: NEIN"

Gary Long
Hilltop Americans

Es ist genauso wichtig, anderen Menschen beizubringen, wie sie sich einem Hund nähern sollten, wie es für deinen Hund wichtig ist zu wissen, wie er sich beim Kennenlernen neuer Menschen verhalten soll. Wenn dein Hund jemanden zum ersten Mal trifft und diese Person fragt, ob sie ihn streicheln darf oder sich nähert, musst du sicherstellen, dass du ihnen sagst, dies langsam zu tun. Dies gibt deinem Hund Zeit zum Nachdenken und die Person zu überprüfen. Es hilft ihm auch zu sehen, dass keine unmittelbare Gefahr besteht.

Sei dir den Gewohnheiten deines Hundes bewusst. Wenn er in neuen sozialen Situationen nervös ist, erkläre dies fremden Menschen. Versuche, ruhig zu bleiben. Dein Hund wird deine Angst oder Furcht spüren und könnte beschützend oder nervös werden. Das Kennenlernen und Begrüßen neuer Menschen sollte für deinen Hund stressfrei und belohnend sein.

Wenn dein Hund Schwierigkeiten mit neuen Menschen hat, versuche, ihn langsam an neue Gäste heranzuführen und gib ihm eine kleine Belohnung, wenn er sich richtig verhält. Langsam und diszipliniert vorzugehen ist der Schlüssel. Es kann schwierig sein, adoptierte oder gerettete Hunde zu sozialisieren, die in der Vergangenheit negative Erfahrungen mit Fremden gemacht haben, aber alle Hunde können sich verbessern und durch konsequentes Training bessere Verhaltensweisen erlernen.

Mini Americans & Kinder

Viele Miniature American Shepherds lieben Kinder. Vielleicht liegt es daran, dass sie genauso aktiv sind wie die Hunde selbst. Sie lecken, springen hoch, um gestreichelt zu werden, und legen sich sogar auf ihren Schoß. Mini Americans folgen deinem Kind oft, behalten es im Auge und helfen ihm, Unfug anzustellen.

Es ist genauso wichtig, dass du Kindern beibringst, wie sie mit einem Hund umgehen sollen, wie es wichtig ist, dem Hund beizubringen, wie er sich verhalten soll. Wenn du deinen Hund als Welpen bekommst, stelle sicher, dass deine Kinder wissen, sanft und freundlich zum Hund zu sein. Welpen können etwas Rauferei vertragen, aber zu viel kann dazu führen, dass sie verletzt werden. Du solltest deinen Kindern auch die geeigneten Stellen zeigen, an denen sie einen Hund berühren können. Zum Beispiel mögen viele Hunde nicht, dass man an ihrem Schwanz oder ihren Ohren zieht. Wenn ein Kind sie reizt, könnten sie zum Beißen neigen.

Kinder und Hunde können die besten Freunde sein. Du wirst vielleicht feststellen, dass dein Miniature American Shepherd sogar sehr beschützend ihnen gegenüber wird. Wenn du deinem Kind beibringst, wie es sich um deinen Miniature American Shepherd verhalten soll, sollten sie ein relativ harmonisches Zusammenleben haben.

KAPITEL 12

Deinen Miniature American Shepherd trainieren

„American Shepherds sind unglaublich intelligent und wollen gefallen. Es ist wichtig, beim Training geduldig und freundlich zu sein, aber noch wichtiger ist es, konsequent in deiner Trainingsmethode zu bleiben."

Cayla Cox
CC Miniature American Shepherds

Foto Von
Ashley Page

Gründe, deinen Miniature American Shepherd zu trainieren

Ein untrainierter Hund kann lästig und sogar gefährlich sein. Wenn du ein verantwortungsvoller Hundehalter sein möchtest, ist es entscheidend, dass du entweder lernst, wie du deinen Hund trainierst, oder einen Profi damit beauftragst.

Foto Von Kristen Boyd

Mini Americans sind sehr lernwillig und äußerst intelligent – gerade deshalb ist es besonders wichtig, dass sie richtig trainiert werden. Indem du deinem neuen Hund klare Grenzen setzt, sorgst du für eine angenehme und vertrauensvolle Beziehung zwischen euch beiden.

Klare Erwartungen

„Mini Americans sind sehr, sehr leicht zu trainieren. Sie lernen schnell und lieben es, ihren Besitzern zu gefallen. Aber sie müssen lernen, dass du das Alpha über ihnen bist."

Mary Kirkpatrick
Eastcoast Americans

Du kannst nicht erwarten, einen Hund zu trainieren, wenn er nicht versteht, was du von ihm willst. Es ist wichtig, dass du, egal ob du Körpersignale oder mündliche Kommandos gibst, sehr klar und präzise bist, was der Hund tun soll. Wenn du Handzeichen gibst, darfst du nicht zu weit vom Hund entfernt sein, sonst kann er nicht deutlich erkennen, was du von ihm möchtest. Ebenso kann es den Hund verwirren, wenn du ein Kommando murmelst oder zu leise sprichst.

Achte immer darauf, einheitliche Begriffe, Gesten und Kommandos zu verwenden. Wenn du möchtest, dass sich dein Hund hinlegt, wähle ein bestimmtes Kommando und bleibe konsequent dabei. Verbindest du es

Foto Von
Kelly More

mit einer Geste, solltest du auch diese stets gleich verwenden.Dein Hund wird schneller lernen und besser reagieren, wenn die Erwartungen an ihn klar sind.

Was ist operante Konditionierung?

Beim Training deines Hundes ist die operante Konditionierung der beste Weg, um dauerhafte Ergebnisse zu erzielen. Operante Konditionierung bedeutet einfach das Hinzufügen oder Entfernen eines Reizes als Reaktion auf ein Verhalten, zum Beispiel, deinem Hund ein Leckerli zu geben, wenn er eine Aufgabe erfüllt, oder ihn zu tadeln, nachdem er ins Haus gemacht hat.

Da wir mit unseren Haustieren nicht durch Hin-und-her-Kommunikation sprechen können, ist die Verwendung eines klaren und konsequenten Musters von Belohnung und Bestrafung der effektivste Weg, einen Hund zu trainieren. Wenn du bei dem von dir geschaffenen Muster bleibst, positives Feedback für erwünschtes Verhalten und negatives Feedback für unerwünschtes Verhalten gibst, wird dein Mini American schnell lernen, wie er sich in seinem neuen Zuhause verhalten soll.

Primäre Verstärkung

Eine primäre Belohnung ist etwas, das ein grundlegendes Bedürfnis deines Hundes befriedigt. Futter, Wasser, Unterkunft, Gesundheitsversorgung oder saubere Bedingungen sind alles Grundbedürfnisse deines Hundes. Diese sollten während des Trainings niemals vorenthalten werden, obwohl sie als zusätzliche Belohnungen eingesetzt werden können – zum Beispiel, deinem Hund ein Leckerli zu geben, um ihn zu einer bestimmten Aufgabe zu motivieren.

Trockenfutter, Hundekekse, Fleischstücke oder fertig verpackte Hundesnacks sind alles Dinge, die ein Hund sowohl will als auch braucht. Die Verwendung von Futter beim Training beschleunigt den Prozess und ist eine gesunde Art, deinen Vierbeiner zu trainieren. Verknüpft dein Hund das Füttern mit einem gewünschten Verhalten, wird er dieses mit deutlich größerer Wahrscheinlichkeit wieder zeigen.Das gleiche Prinzip gilt für Belohnungen wie Spielzeit oder Spielzeug, wie im folgenden Abschnitt beschrieben.

Sekundäre Belohnungen

Sekundäre Belohnungen sind die Dinge, die dein Hund gerne haben möchte. Zum Beispiel wird dein Hund sich über dein Lob freuen und es sich wünschen. Wenn du ihm nach Erfüllung einer Aufgabe „braver Hund" sagst und ihn streichelst, wird er glücklich sein und die positive Handlung wahrscheinlich wiederholen. Spielzeuge sind ebenfalls eine gute Option für

Foto Von
Matthew Macesich

sekundäre Belohnungen. Hunde dürfen bestimmte Spielzeuge erst haben, nachdem sie getan haben, worum sie gebeten wurden.

Du solltest deinem Hund niemals Liebe oder Aufmerksamkeit entziehen, um sie als Belohnung aufzusparen, aber Lob als Mechanismus zur Verstärkung guten Verhaltens ist eine großartige Möglichkeit, deinen Hund zu ermutigen, bestimmte Verhaltensweisen anzunehmen. Mini Americans sind sehr treue Tiere und wollen ihren Besitzern gefallen. Damit sie erkennen dass sie das Richtige tun, hilft es sie mit Spielzeit und einem Kraulen am Kopf zu belohnen.

Du kannst auch Klicker verwenden, um deinem Hund zu zeigen, wann er ein gutes Verhalten gezeigt hat. Wenn dein Hund den Klang des Klickers mit dem Ergebnis einer Belohnung verbindet, wird er zu einem Motivationswerkzeug, das dir hilft, ihn effektiv zu trainieren.

Gefahren negativer Verstärkung

Während positive Korrekturen dazu beitragen, gutes Verhalten zu verstärken, können negative Korrekturen dazu führen, dass ein Hund scheu, ängstlich oder aggressiv dir gegenüber wird. Gutes Verhalten mit guten Ergebnissen zu verbinden ist im Allgemeinen ein sichererer und effektiverer Weg, deinen Hund zu trainieren, als schlechtes Verhalten mit schlechten Ergebnissen zu verbinden.

Wenn du deinem Hund Belohnungen für angemessenes Verhalten gibst, wird er verstehen, dass er die Dinge, die er möchte, nicht bekommt, wenn er nicht hört. Positive Korrektur kann beinhalten, deinem Hund ein klares und ruhiges ‚Nein' zu sagen und ihn anschließend konsequent umzuleiten oder ihm eine angemessene Konsequenz zu zeigen. Körperliche Bestrafung oder das Schlagen deines Hundes ist jedoch absolut ungeeignet und sollte niemals angewendet werden. Dies kann dazu führen, dass dein Hund Angst vor dir bekommt, und der Sinn des Trainings ist nicht, dass der Hund aus Angst gehorcht, sondern aus Gehorsam. Die Durchsetzung negativer Korrekturen kann auch dazu führen, dass ein Hund aggressiv wird und dich angreift, um sich selbst zu schützen.

Eine andere Form der negativen Korrektur ist das Verweigern der Grundbedürfnisse des Hundes, wie oben beschrieben. Das sind grundlegende Dinge, die ein Hund unbedingt braucht und die ihm niemals vorenthalten werden sollten. Ein Kind mag daraus lernen, wenn du ihm ein Spielzeug wegnimmst, aber ein Hund kann nicht verstehen, warum du das tust. Anstatt es wie eine Strafe zu verstehe, könnte es nach hinten losgehen. Wenn du zum Beispiel deinem Hund sein Lieblingskausspielzeug wegnimmst, könnte das dazu führen, dass der Hund deine nagelneuen Schuhe zerfetzt, weil er nichts anderes zum Kauen hat. Dies würde nur dazu führen, dass der Hund noch mehr in Schwierigkeiten gerät.

Bestrafe deinen Hund auch niemals für Verhaltensweisen, die schon Stunden zurückliegen. Hunde haben oft Schwierigkeiten zu verstehen, warum sie bestraft werden, wenn das damit verbundene Verhalten nicht unmittelbar oder kürzlich stattgefunden hat. Verzögerte Bestrafung könnte dazu führen, dass dein Hund noch verwirrter, ängstlicher oder verängstigter wird.

Professionelles Training

Wenn du Schwierigkeiten hast, deinen Hund zu trainieren, ist es vielleicht an der Zeit, einen Profi um Unterstützung zu bitten. Finde immer einen seriösen Trainer, entweder durch Bewertungen im Internet oder durch Gespräche mit Freunden oder Gemeindemitgliedern, die bereits einen Hundetrainer in Anspruch genommen haben. Ein guter Hundetrainer wird sanft, aber bestimmt erklären, wie du deinem Hund beim Lernen helfen kannst.

Alternativ kannst du mit deinem Hund an Kursen teilnehmen. Diese Gruppensitzungen geben deinem Hund die Möglichkeit, gleichzeitig zu lernen und zu sozialisieren, und der Trainer, der den Kurs leitet, kann dir Feedback geben, wie du deinen Hund effektiv trainieren kannst.

Wie auch immer du dich entscheidest, deinen Mini American zu trainieren, denke daran, dass dein Hund – besonders als Welpe – Fehler machen wird. Es wird Zeiten geben, in denen du verärgert oder frustriert mit deinem Hund bist. Das ist normal. Jeder Hund lernt anders, und das effektive Training deines Hundes erfordert Hingabe. Gib nicht auf!

KAPITEL 13
Kommandos

„Die Leute lesen, wie intelligent sie sind, aber sie haben wirklich keine Ahnung, bis sie tatsächlich einen aufgezogen haben. Extrem intelligent!!!"

Cindy Harris
Rocky Top Kennels

Welche Kommandos du deinem Hund beibringen solltest, hängt davon ab, ob du mit ihm an Wettbewerben teilnehmen willst, wie oft dein Hund mit Gästen oder Fremden in Kontakt kommt und wie viel Freude du selbst am Training deines Hundes hast.

Es ist jedoch wichtig, dass du die im vorherigen Kapitel beschriebenen Verfahren befolgst, wenn du möchtest, dass dein Hund gut und schnell lernt. Die Wahl der richtigen Belohnungen für deinen Hund und konsequentes Handeln sind dabei entscheidend.

Achte beim Training jedes Kommandos darauf, die Übungseinheiten kurz zu halten. Das bedeutet, dass die Übungen nicht länger als 5-10 Minuten am Stück gehen sollten. Beachte dabei, dass es am besten ist, immer mit einem Erfolgserlebnis aufzuhören. Denk daran, Rom wurde auch nicht an einem Tag

Foto Von
Shelby Yost

erbaut, und genauso entwickelt sich dein Hund ebenso wenig über Nacht zu einem gehorsamen Hund. Im Folgenden findest du einige der gängigsten Kommandos, die Hundebesitzer verwenden, um ihren vierbeinigen Begleitern zu helfen, gehorsamer und respektvoller zu sein.

Grundkommandos

Sitz

Um deinem Welpen das Sitzen beizubringen, drücke sanft auf sein Hinterteil. Sein erster Instinkt wird sein, sofort wieder aufzuspringen. Manche Welpen halten das für ein Spiel, daher musst du beharrlich bleiben. Drücke ihr Hinterteil immer wieder nach unten, bis sie in der Sitzposition bleiben.

Alternativ kannst du ein Leckerli direkt vor die Nase deines Welpen halten und es langsam nach oben führen. Während du das Leckerli bewegst, wird er instinktiv in die Sitzposition gehen. Sobald er sitzt, lobe ihn, gib ihm die vorher festgelegte Belohnung oder benutze deinen Klicker.

Platz

Sobald du deinem Hund das Sitzen beigebracht hast, hast du die Grundlage für das Kommando „Platz" gelegt. Gib deinem Hund das Kommando „Sitz". Wenn er sitzt, bewege ein Leckerli zu seiner Nase, damit er es verfolgt. Senke deine Hand langsam zum Boden. Der Hund sollte wieder deiner Hand folgen. Indem er seinen Vorderkörper senkt, wird er in die „Platz"-Position kommen. Wenn er dieser Abfolge korrekt folgt, belohne ihn mit dem Leckerli und lobe ihn, während du das verbale Kommando verstärkst – „Braver Hund! Platz!" – wenn er jedoch versucht aufzustehen und dem Leckerli zu folgen, ziehe deine Hand sanft zurück und sage ihm, er soll sitzen.

Es ist wichtig, deinem Hund die Belohnung nur anzubieten, wenn er die Handlung erfolgreich ausführt, und das verbale Kommando jedes Mal positiv zu wiederholen, wenn er Erfolg hat.

Bleib

Foto Von Sara Hazen

Deinem Hund beizubringen, auf der Stelle zu bleiben, kann sehr schwierig sein. Die meisten Hunde wollen dir folgen, besonders wenn du ein Leckerli in der Hand hältst. Wenn du die Vorarbeit geleistet hast und ihnen „Sitz" und „Platz" beigebracht hast, hast du einen guten Anfang gemacht. Das Erste, was du tun solltest, ist, deinen Hund entweder sitzen oder sich hinlegen zu lassen.

Nachdem er getan hat, worum du ihn gebeten hast, gehe langsam rückwärts, während du ihm weiterhin zugewandt bleibst. Die meisten Menschen fügen ein Handzeichen oder eine Geste hinzu, wie zum Beispiel eine ausgestreckte Hand in der universellen Geste für „Stopp". Wenn du die Grundlagenarbeit mit „Sitz" und „Platz" gemacht hast, sollte dein Hund zumindest für einige Momente an Ort und Stelle bleiben.

Wenn er tut, was ihm gesagt wurde, kannst du ihn dann rufen und ein Leckerli anbieten. Sobald dein Hund beginnt, dem Kommando zu folgen, versuche, dich bei jedem Mal weiter von ihm zu entfernen. Das wird ihm helfen zu verstehen, dass „Bleib" wirklich bedeutet, an Ort und Stelle zu bleiben. Sobald dein Hund zu lernen beginnt, dass er dir nicht folgen soll, wenn du dich entfernst, versuche, für einige Momente aus seinem Blickfeld zu verschwinden.

Komm

Ein weiteres Grundkommando, das dein Hund kennen sollte, ist „Komm". Es sollte in Verbindung mit „Bleib" gelehrt werden. Wie bei anderen Kommandos ist es wichtig, vor Trainingsbeginn ein einheitliches Kommando zu wählen – besonders beim „Komm"-Kommando neigen Hundebesitzer dazu, verschiedene Ausdrücke zu verwenden, aber dein Welpe wird besser reagieren, wenn du eine einzige Formulierung wählst und dabei bleibst.

*Foto Von
Amanda Akagi*

Beginne damit, deinen Hund sitzen oder sich hinlegen zu lassen. Dann sage ihm, er soll bleiben. Gehe ein Stück weg und drehe dich dann zu ihm um. Klopfe auf dein Bein oder pfeife, bevor du das Kommando gibst, damit er weiß, was du von ihm möchtest. Der Hund sollte aus der Bleib-Position aufstehen und direkt zu dir kommen. Wenn er das nicht tut, verwende ein Leckerli, um ihn zu dir zu locken, und benutze dein gewähltes Kommando, um die Handlung mit deinem Befehl zu verknüpfen.

Die meisten Hunde verstehen dieses Kommando leicht, aber es ist absolut entscheidend, dass dein Hund versteht, wie wichtig es ist, auf Zuruf zu kommen. Wenn dein Hund aus dem Garten entkommt, von einem aggressiven Hund oder Tier bedroht wird oder sich in einer gefährlichen Situation befindet – zum Beispiel mitten auf der Straße –, ist es unerlässlich, dass er auf Zuruf sofort zu dir kommt.

Aus

Miniature American Shepherds lieben das Spiel ‚Apportieren'. Es wird sehr empfohlen, ihnen das Apportieren mit ihrem Lieblingsspielzeug beizubringen. Um „Aus" zu lehren, müssen sie das Kommando „Komm" beherrschen.

Beginne damit, das Spielzeug des Hundes wegzuwerfen, damit er es jagt. Sobald er es erreicht und aufnimmt, gib das Kommando „Komm". Da

*Foto Von
Lindsey Condra
Stillwater Ranch Kennel*

die meisten Hunde ihr Spielzeug nicht freiwillig loslassen, ist es wichtig, dass sie lernen, damit zu dir zurückzukommen. Wenn der Hund dich erreicht, wird sein Instinkt sein, wegzuziehen, wenn du nach dem Spielzeug greifst. Du musst dem Hund sehr bestimmt sagen, er soll es „Aus" machen.

Die meisten Miniature Americans sind nicht aggressiv und ihrem Besitzer gegenüber sehr loyal, daher musst du dir wahrscheinlich keine Sorgen machen, dass der Hund dir gegenüber aggressiv wird – dennoch solltest du immer vorsichtig sein, wenn du einem Hund dieses Kommando zum ersten Mal beibringst, da manche Hunde sehr besitzergreifend sein können, was Spielzeug, Futter und andere Besitztümer angeht.

Die ersten Male wird der Hund mit dir Tauziehen spielen wollen, um das Spielzeug zu behalten. Sobald er das Spielzeug loslässt, gib positive Verstärkung, bevor du das Spielzeug wieder wirfst. Nachdem dies viele Male wiederholt wurde, wird er verstehen, dass „Aus" bedeutet, einen Gegenstand aus seinem Maul freizugeben. Dieses Kommando ist besonders nützlich, falls dein Hund jemals etwas Gefährliches aufnimmt – denn das Letzte, was du möchtest, ist, deinem Welpen hinterherzurennen, wenn er etwas Ekliges, Scharfes oder Kontaminiertes im Maul hat

Rolle

Um deinem Hund beizubringen, sich zu rollen, brauchst du Leckerlis. Stelle sicher, dass sich der Hund in der Platz-Position befindet. Du kannst beispielsweise Leckerlis verwenden, um den Hund dazu zu bringen, das zu tun, was du möchtest. Locke den Hund so, dass er auf seiner Seite liegt.

Nachdem dein Hund gelernt hat, auf der Seite zu liegen, bewege das Futter weiter über seinen Kopf. Dies sollte den Hund dazu bringen, sich umzudrehen oder zu rollen. Der Hund wird lernen, sich ganz herumzurollen, um die Belohnung zu bekommen.

Runter

Im Idealfall hast du deinem Mini American beigebracht, nicht auf Fremde zu springen – wenn dein Hund jedoch aufgeregt ist oder sich an einem unbekannten Ort befindet, kann das Kommando „Runter" dir helfen, schnell Regeln an neuen Orten zu etablieren. Es kann auch dazu beitragen, deinen Hund zu schützen, wenn er versucht, auf etwas Gefährliches zu springen oder zu klettern.

Foto Von Jennifer Wagner Eldorado Ranch Mini Americans

Fortgeschrittene Kommandos

Gib Laut oder Bell

Deinen Hund zum Bellen zu animieren, ist etwas schwieriger als das Beibringen von Grundkommandos. Um deinem Hund diesen Trick beizubringen, brauchst du Leckerlis. Hunde bellen nicht einfach so. Sie bellen, wenn sie sehr aufgeregt werden oder etwas ihr Interesse weckt.

Du kannst entweder laufen und deinen Hund dich jagen lassen, ein Lieblingsspielzeug nehmen und Verstecken spielen oder mit deinem Welpen herumtollen, um ihn aufzuregen. Sobald er zu bellen beginnt, zeige ihm ein Leckerli. Wenn er bellt, lobe ihn und belohne ihn mit einem Leckerli. Bei diesem Kommando kann es bei manchen Hunden lange dauern, bis sie es verstehen, also sei geduldig.

Fuß

Das Kommando „Fuß" wird beigebracht, wenn du möchtest, dass dein Hund direkt an deiner Seite läuft. Dies kann ein Kommando sein, das mit oder ohne Leine verwendet wird. Um es beizubringen, musst du jedoch eine Leine am Hund haben. Lege zunächst die Leine an den Hund an und stelle dich direkt neben ihn. Ziehe leicht an der Leine und gehe, während er geht. Wenn der Hund aus dem Schritt fällt, sei es, dass er vor dir oder hinter dir bleibt, halte abrupt an und erlaube ihm nicht, weiterzugehen. Wenn dein Hund tut, worum du ihn bittest, und neben dir läuft, gib ihm ein Leckerli. Schließlich wird dein Hund verstehen, was dieses Kommando bedeutet

Dieses Kommando ist besonders wichtig, wenn du in einer belebten Gegend lebst, wo es viele Ablenkungen gibt. Um deinen Hund zu schützen, solltest du ihn stets direkt an deiner Seite halten – wenn er wegläuft, könnte er zu einem anderen Hund laufen oder auf die Straße geraten.

Drehen

Du kannst deinem Hund mit einem Leckerli und einer Handbewegung beibringen, sich im Kreis zu drehen. Zeige deinem Hund ein Leckerli und halte es hoch, um sicherzustellen, dass er darauf achtet. Sobald er vor dir steht und zuschaut, nimm das Leckerli und platziere es etwa 30 Zentimeter von seiner Nase entfernt. Halte deine Hand erhoben und bewege das Leckerli langsam in einer Kreis- oder Drehbewegung, während du das Kommando gibst. Wenn dein Hund aufmerksam ist, sollte er dem Leckerli folgen und sich umdrehen. Wenn der Hund tut, worum du ihn gebeten hast, gib ihm das Leckerli. Wiederholung wird dir und deinem Haustier helfen, diesen Trick zu perfektionieren.

Pfote oder Gib Pfötchen

Um diesen Trick zu lernen, muss dein Hund bereits darauf trainiert sein, zu sitzen. Nachdem du das Sitz-Kommando gegeben hast, greife sanft nach unten und nimm die Pfote deines Hundes. Achte darauf, dass du jedes Mal dieselbe Pfote verwendest, und sage „Pfote" oder „Gib Pfötchen", während du dies tust. Wenn der Hund getan hat, worum du ihn gebeten hast, gib ihm ein Leckerli. Übe weiter, bis dein Hund seine Pfote hebt, wenn du das Kommando gibst.

KAPITEL 14

Deinem Miniature American She-pherd eine Aufgabe geben

„Miniature American Shepherds sind Hütehunde, sie brauchen etwas zu tun, sonst entwickeln sie möglicherweise schlechte Angewohnheiten wie das Hüten der Kinder im Haus. Stimuliere ihren Verstand, indem du einen Ball wirfst oder mit ihnen spazieren gehst. Ein gelangweilter Hund dieser Rasse ist ein Hund, der Unfug anstellt.“

Robert Kidd
Kidd's Toy Americans

Hütehunde

Der ursprüngliche Australian Shepherd, von dem der Miniature American Shepherd abstammt, wurde für das Hüten von Rindern und Schafen gezüchtet. Obwohl Minis heute in Umgebungen abseits der Bauernhöfe beliebt sind, ist es nicht ungewöhnlich, sie immer noch bei diesen traditionellen Aufgaben zu sehen. Man trifft sie häufig bei Pferdeliebhabern auf Reisen an, sowie bei Landwirten und Viehzüchtern, die einen etwas kompakteren Helfer bevorzugen.

Wenn du einen Mini American kaufst und Nutztiere besitzt, solltest du in Betracht ziehen, deinen Hund zum Hüten auszubilden. Miniature American Shepherds können besonders nützlich sein, wenn deine Schafe oder andere Nutztiere nicht zahm sind und in einen neuen Bereich gebracht werden müssenWenn du möchtest, dass dein Hund wirklich mit den Tieren arbeitet und sie nicht nur hinterherjagt, solltest du dich von einem Experten für Hütehundetraining beraten lassen. Dies kann dein Leben viel einfacher machen und deinen Hund möglicherweise vor Ärger bewahren, indem er lernt, dass er Tieren nicht zum Spaß hinterherlaufen sollte.

Therapiehunde

Obwohl Miniature Americans für ihr lebhaftes Wesen bekannt sind, werden sie mit zunehmendem Alter ruhiger. Dieses mildere Verhalten macht sie für viele zu idealen Therapiehunden in Krankenhäusern. Americans haben von Natur aus ein liebevolles Wesen und sind freundlich und treu.

Foto Von Ashley Himmelsbaugh

Therapiehunde findet man in der Regel in Gesundheitseinrichtungen oder Schulen. Dazu können Krankenhäuser, Physiotherapie- oder Ergotherapiepraxen, Pflegeheime, Schulen mit ergotherapeutischen Diensten, Schulen mit physiotherapeutischen Diensten oder andere Orte gehören, an denen Patienten betreut werden.

Therapiehunde sollten nicht mit Assistenzhunden verwechselt werden. Ihr Hauptzweck besteht darin, eine Einrichtung zu besuchen und den Patienten Trost und Zuneigung zu spenden. Wenn ein Patient ans Krankenbett gefesselt ist, kann der Therapiehund zu ihm gebracht werden, damit er mit dem Hund interagieren kannTherapiehunde übernehmen keine direkten Aufgaben für die Patienten, sondern dienen vor allem als Begleiter bei kurzen Besuchen. Therapiehunde können wirklich dazu beitragen, die Stimmung von Kindern oder Erwachsenen zu heben, die gerade schwierige Zeiten durchmachen. Sie können auch geriatrischen Patienten in Pflegeheimen, die krank, einsam oder am Ende ihres Lebens sind, Trost spenden. Der Trost, den sie bieten, ist sehr wertvoll.

Wenn du daran interessiert bist, eine Zertifizierung für deinen Hund zu erhalten, kannst du dies über den Verband für das Deutsche Hundewesen (VDH) oder ein unabhängiges Programm tun. Dein Hund muss mindestens

Foto Von
Taylor Hall

Kommandos im Zusammenhang mit der persönlichen Sicherheit kennen, wie Sitz, Bleib, Platz, Fuß und Komm.

Assistenzhunde

Assistenzhunde sind Hunde, die Menschen mit Behinderungen im Alltag helfen. So kann zum Beispiel eine blinde Person einen Blindenführhund haben, der sie sicher führt, oder eine Person mit unkontrolliertem Diabetes einen Diabetikerwarnhund, der erkennt, wenn der Blutzucker abnormal wird. Manche Miniature Americans sind möglicherweise zu sensibel gegenüber ihren Besitzern und neigen dazu, deren Gefühle zu übernehmen, was sie für diese Art von Arbeit weniger geeignet macht. Andere hingegen finden die richtige Balance und sind daher hervorragend dafür geeignet. Nach dem deutschen Behindertengleichstellungsgesetz (BGG) sind Assistenzhunde die einzige Art von Hunden, die öffentliche Zugangsrechte haben. Öffentliche Zugangsrechte bedeuten, dass der Hund überall mit seinem Besitzer, der eine Behinderung hat, hingehen kann.

Diejenigen, die behaupten, einen Hund von einer Online-Website als Assistenzhund zertifiziert zu haben, irren sich, da Assistenzhunde von keinem Unternehmen zertifiziert werden. Assistenzhunde helfen laut Gesetz dabei, eine Behinderung ihres Halters auszugleichen. Wenn der Halter keine Behinderung hat, für die der Hund speziell ausgebildet wurde, handelt es sich nicht um einen Assistenzhund.

Emotionale Unterstützungshunde

Sprechen wir über emotionale Unterstützungshunde. Diese unterscheiden sich per Definition stark von Assistenzhunden. Emotionale Unterstützungshunde haben keine öffentlichen Zugangsrechte, was bedeutet, dass sie nur an haustierfreundlichen Orten erlaubt sind. Menschen mit Angstzuständen, Depressionen oder anderen psychischen Störungen können von diesen Arten von Hunden profitieren. Die Hunde sind eine Quelle des Trostes und können jemandem, der eine Angstattacke hat oder sich inmitten einer depressiven Episode befindet, helfen, sich ruhiger und weniger allein zu fühlen.

Emotionale Unterstützungshunde erfordern keine spezielle Ausbildung, aber ihre Besitzer müssen eine Bescheinigung von einem Psychiater, Psychologen oder Therapeuten haben, um zu bestätigen, dass sie tatsächlich einen emotionalen Unterstützungshund benötigen.

Foto Von
Suzanne Transier

Unterhaltungshunde

Miniature American Shepherds wurden neben ihrer Aufgabe als Hütehunde für Nutztiere zuerst als Unterhaltungshunde bei Rodeos eingesetzt.
Sie sind geborene Darsteller und lieben Aufmerksamkeit. Aus diesem Grund
sind sie eine einfache Wahl für jeden, der einen sehr athletischen Hund haben möchte, der Aufgaben oder Tricks ausführen kann.

Miniature American Shepherds haben eine großartige Sprungfähig-
keit. Sie können durch Reifen springen, Frisbees aus der Luft fangen und
Agility-Parcours absolvieren. Sie sind hervorragende Kandidaten für alle
Arten von Hundesportwettbewerben!

Miniature American Shepherds sind unglaublich intelligent und reagieren gut auf Kommandos. Diese Fähigkeit macht sie zu einer guten Wahl
für Hunde, die in Filmen, Werbespots und sogar Theaterstücken eingesetzt
werden können. Die Lernfähigkeit und der Wunsch des Americans zu gefallen machen ihn zur idealen Wahl für Filmemacher, die Hunde benötigen, die

lange Position halten, sich tot stellen oder komplexe Rettungsszenen nachstellen können.

Andere Aufgaben

Letztendlich sind Arbeitshunde wie Australian Shepherds – und folglich auch Mini Americans – glücklicher, wenn sie einen Zweck erfüllen können. Das bedeutet aber nicht, dass du deinen Hund in Krankenhäuser oder Altenheime bringen musst. Mini Americans gedeihen, wenn sie herausgefordert, geliebt und geschätzt werden. Sie genießen es zu arbeiten und eine Aufgabe zu haben, egal wie diese ihre Stärken zur Geltung bringt.

Allein durch die Widmung von Einzeltrainingszeit für deinen Hund, das Spielen mit ihm und die Beschäftigung mit ihm hilfst du deinem Hund, ein glücklicheres und gesünderes Leben zu führen. Da Mini Americans so intelligent sind, werden sie schnell jede neue Aufgabe aufgreifen, die du ihnen gibst – überlege dir Wege, deinen Mini American herauszufordern und ihn weiter lernen zu lassen. Sie werden es genauso lieben wie du!

Foto Von
Devin Neal

KAPITEL 15
Seniorenpflege für Mini Americans

Es ist eine seltsame Erfahrung, seinen Hund altern zu sehen. Nach so vielen Jahren gemeinsamer Erinnerungen kann es schwierig und traurig sein, zu beobachten, wie dein Hund die Beschwerden des Alters erlebt und weniger agil wird. Mini Americans werden in der Regel 13-15 Jahre alt, und ihre Pflege sollte mit zunehmendem Alter entsprechend angepasst werden.

Bestimmte Krankheiten treten bei älteren Hunden häufiger auf. Obwohl diese nicht unbedingt rassetypisch sind, ist es gut, sie zu kennen, damit du vorbereitet bist, wenn dein Hund altert. Wenn du deinen Hund von einem seriösen Züchter erworben hast und Zugang zu Informationen über seine genetische Abstammung hast, kannst du möglicherweise besser einschätzen, welchen spezifischen Gesundheitsrisiken er im Alter ausgesetzt

*Foto Von
Kristen Boyd*

sein könnte. Zudem hilft es zu erkenne, vor welchen Problemen ihn eine verantwortungsvolle Zuchtauswahl bereits geschützt hat.

Häufige Alterskrankheiten

Hüft- und Ellenbogendysplasie: Die Hüftdysplasie verursacht sehr schmerzhafte Arthritis im Hüftbereich des Hundes. Sie kann den Komfort und das Gangbild des Hundes beeinträchtigen und schließlich zu einem dauerhaften Hinken führen. Hüftdysplasie tritt auf, wenn der Hüftknochen nicht mehr richtig in die Gelenkpfanne des Beckens passt. Dies wird in der Regel durch Abnutzung von Knochen und Knorpel verursacht. Die Schmerzintensität, die ein Hund mit dieser Erkrankung empfindet, variiert von Tier zu Tier. Die Ellenbogendysplasie funktioniert ähnlich wie die Hüftdysplasie. Der einzige wesentliche Unterschied besteht darin, dass sie die Vorderbeine, und nicht die Hinterbeine des Hundes betrifft. Das vordere Gelenk oder der Ellenbogen des Hundes könnte ausgerenkt werden oder sich abnutzen und so dem Hund Bewegungs- und Schmerzprobleme bereiten.

Krebs: Ältere Hunde haben eine relativ hohe Rate an krebsbedingten Todesfällen. Die meisten Krebsfälle werden diagnostiziert, wenn ein Hund in seinen späten Lebensjahren ist. Die meisten Hunde leiden entweder an Lymphomen, die das Immunsystem angreifen, oder an Hämangiosarkomen. Dies sind Tumore, die sich überall dort bilden können, wo Blutgefäße im Körper des Hundes vorhanden sind. Wenn du vermutest, dass dein

Foto Von
Sheri Baldwin

Hund an Krebs leiden könnte, ist es immer am besten, ihn zu deinem Tierarzt zu bringen. Es ist relativ häufig, dass Hunde im Alter gutartige Tumore entwickeln, die zwar unschön aussehen können, aber keine Bedrohung für das Wohlbefinden deines Hundes darstellen.

Katarakt: Obwohl Miniature American Shepherds in jedem Alter daran erkranken können, treten Katarakte (Grauer Star) häufiger in den späteren Lebensjahren eines Hundes auf. Katarakte in den Augen des Hundes können ihn schließlich erblinden lassen. Wenn ein Hund einen Katarakt in einem Auge bekommt, wird er unweigerlich auch einen im anderen Auge bekommen. Ein blinder Hund benötigt viel zusätzliche Pflege, besonders wenn es sich um einen älteren Hund handelt.

Krankheits- und Verletzungsprävention

„Mini American Shepherds neigen zum MDR1-Gen - Multi-Drug-Resistance-Gen. Du MUSST deinen Welpen auf MDR1 testen lassen. Ein Welpe mit MDR1 kann eine tödliche Reaktion auf bestimmte Medikamente haben, die bei routinemäßigen Kastrations-/Sterilisationsverfahren, Zahnreinigungen und sogar Floh-/Zeckenmitteln üblich sind. Die Testung deines Welpen kostet nur 60 Euro und ist ein einfacher Wangenabstrich, den du an eine Testklinik schickst. Weitere Informationen zu MDR1 findest du unter: http://vcpl.vetmed.wsu.edu."

Ashley Bryan
Ashley's Americans

Wenn dein Hund älter wird, musst du ihm dabei helfen, vorsichtiger zu sein, um unnötige Verletzungen zu vermeiden. Mit zunehmendem Alter werden die Knochen, Gelenke und Zähne der Hunde brüchiger. Obwohl Hunde im Allgemeinen langsamer werden, können sie immer noch unvorsichtig sein oder „sich wie ein Welpe verhalten". Es gibt auch Produkte wie Hundetreppen, die älteren Tieren helfen, sich in mehrstöckigen Häusern zu bewegen.

Du solltest zudem darauf achten, die Gesundheit der Zähne deines Hundes zu kontrollieren, indem du sie putzt, Zahnpflegesnacks anbietest und regelmäßig Tierarztkontrollen durchführen lässt. Hunde nutzen ihre Zähne im Laufe der Jahre oft ab und benötigen dann weicheres Futter und kleineres Trockenfutter, um Zahnschäden oder -brüche zu vermeiden.

Wenn dein Hund ein Draußenhund ist, musst du sein Alter berücksichtigen, bevor du ihn im Sommer oder Winter draußen lässt. Junge Hunde können Hitze oder Kälte besser vertragen. Ihre Blutzirkulation und ihr Fettgehalt sind in der Regel höher als bei einem älteren Hund. Ältere Hunde können auch unter wetterbedingter Arthritis leiden, die in den kälteren Monaten aufflammt. Kein Hund sollte bei extremen Wetterereignissen draußen gelassen werden. Überlege dir daher, deinen älteren Hund früher und auch bei milderem Wetter hereinzuholen. Dies ist wichtig, da ihm die Energie fehlt, die er einst hatte, um mit dem Wetter klarzukommen.

Es wird empfohlen, dass du mit zunehmendem Alter deines Hundes die Häufigkeit der Besuche in der Tierarztpraxis erhöhst. Es ist nicht ungewöhnlich, dass ein alternder Hund alle sechs Monate einen Tierarzt für eine Gesundheitsuntersuchung aufsucht. Dein Tierarzt kann Tests durchführen und dich darüber informieren, wie du die Ernährung und täglichen Routinen anpassen solltest. Er kann die Herzaktivität überwachen und auf zugrunde liegende Probleme prüfen.

Ernährung und Bewegung für Seniorhunde

Wenn dein Hund in die späteren Lebensphasen eintritt, werden sich seine Ernährungs- und Bewegungsbedürfnisse stark von denen unterscheiden, die er als Welpe und heranwachsender Hund hatte. Ältere Hunde benötigen im Allgemeinen nicht die gleiche große Menge an Kalorien pro Tag wie ein jüngerer Hund. Die Umstellung auf ein kalorienärmeres Hundefutter kann dazu beitragen, dass dein Miniature American Shepherd nicht zu dick wird.

Ältere Hunde sind nicht so aktiv und haben einen schwächeren Stoffwechsel im Vergleich zu ihren jüngeren Artgenossen. Sie verbrennen Kalorien nicht so effizient und benötigen Futter mit einem ausgewogenen Nährstoffgehalt, um ein gesundes Gewicht zu halten.

Glücklicherweise gibt es mittlerweile viele Sorten von Seniorhundefutter zu kaufen. Diese Futtersorten haben nicht nur die richtige Menge an Kalorien und Mineralstoffen, sondern können auch auf verschiedene Beschwerden abgestimmt sein, die ein älteres Haustier haben könnte. Es gibt zum Beispiel spezielle Futtersorten für Hunde mit Diabetes, Allergien oder Hunde mit Verdauungsstörungen. Es wird dringend empfohlen, dass du mit deinem Tierarzt sprichst oder recherchierst, bevor du ein Hundefutter für deinen alternden Mini American auswählst.

Foto Von Kelly More

Du wirst feststellen, dass ältere Hunde oft genauso viel Bewegung brauchen wie jüngere Hunde. Der Unterschied liegt in der Intensität und Häufigkeit der Bewegung. Du solltest einen älteren Hund nicht dazu drängen, so schnell zu laufen oder zu gehen wie ein jüngerer Hund. Wenn du Apportieren spielst, versuche, den Ball oder das Spielzeug nicht so weit zu werfen, wie du es in jüngeren Jahren des Hundes getan hättest.

Teile die Bewegung in mehrere kurze Spaziergänge pro Tag auf. Wenn dein Haustier Gelenkprobleme hat, ist Schwimmen eine gelenkschonende Übung, die deinem Hund hilft, sich zu bewegen, ohne seine Gelenke übermäßig zu belasten. Wenn du kein Gewässer in der Nähe hast oder es dir nicht leisten kannst, deinen Hund zu einem Physiotherapeuten mit Zugang zu einem Pool zu bringen, kannst du online in einen kleinen tragbaren Pool investieren, den du direkt mit einem Schlauch füllen kannst.

Häufige Altersbeschwerden

Wenn dein Mini American älter wird, wird es Tage geben, an denen er sich einfach nicht wohl fühlt. Einige der häufigen Beschwerden oder Probleme, die du bemerken könntest, sind:

Magenprobleme: Der Magen älterer Hunde verarbeitet Nahrung möglicherweise nicht mehr so leicht wie früher. Hunde können Beschwerden wie Sodbrennen und Verdauungsstörungen bekommen. Dies kann wiederum dazu führen, dass sie erbrechen oder Durchfall haben. Wenn ein Magen-Darm-Problem auftritt, klingt es in der Regel innerhalb von 24 Stunden ab. Wenn nicht, könnte es eine gute Idee sein, deinen Tierarzt zu kontaktieren.

Müdigkeit: Ältere Hunde brauchen mehr Schlaf. Tatsächlich solltest du nicht überrascht sein, wenn er mehr als die Hälfte des Tages schläft. Du wirst vielleicht bemerken, dass dein Hund nach euren täglichen Spaziergängen begierig ist, sein Lieblingshundebett oder einen ruhigen Platz zu finden und einzuschlafen. Das liegt daran, dass ältere Hunde viel schneller ermüden und Energie sparen müssen. Du solltest deinen Hund schlafen lassen und nicht zu besorgt sein, es sei denn, es liegen andere Probleme vor.

Blasenprobleme: Ein älterer Hund muss seine Blase häufiger entleeren. Genau wie als Welpe wird es für ihn schwieriger sein, sein Wasser über längere Zeit zu halten. Wenn er ein Haushund ist und du für längere Zeit weg bist, solltest du sicherstellen, dass eine Welpenunterlage oder eine leicht zugängliche Hundeklappe verfügbar ist. Sei nicht überrascht über Unfälle, auch wenn dein Hund seit Jahren stubenrein ist. Ältere Hunde können inkontinent werden und auslaufen – sie tun dies jedoch nicht absichtlich, also bestrafe sie nicht.

Sehvermögen und Gehör: Alte Hunde können mit der Zeit sowohl ihr Sehvermögen als auch ihr Gehör verlieren. Dies kann sowohl für dich als Besitzer als auch für den Hund selbst sehr schwierig sein. Es müssen gegebenenfalls Anpassungen vorgenommen werden, um deinen Hund best-

Photo Courtesy of
Haley Sullivan

möglich zu unterstützen.. Wenn ein Hund blind wird oder schlecht sieht, wird er in der Regel weniger mobil. Du musst Gegenstände wie sein Futter, seinen Wassernapf und sein Bett so umstellen, dass sie leichter zugänglich und für deinen Hund einfacher zu finden sind. Du musst auch sorgfältiger darauf achten, deinen Hund nach draußen zu bringen, damit er sich erleichtern kann.

Wenn ein Hund sein Gehör verliert, kann er dich nicht mehr hören, um deinen Befehlen zu folgen. Er wird auch keine Geräusche mehr hören können, die Gefahr signalisieren könnten. Sei immer äußerst vorsichtig, wenn du deinen Hund nach draußen bringst, sobald er einen Teil oder sein gesamtes Seh- oder Hörvermögen verloren hat – dein Mini American könnte sich unwissentlich in Gefahr bringen.

Abschied von deinem Haustier

Früher oder später wird der Zeitpunkt kommen, an dem du dich von deinem geliebten Miniature American Shepherd verabschieden musst. Ob durch Altersschwäche, Verletzung oder eine Erkrankung – es ist keine leichte Entscheidung. Wenn du überlegst, ob es Zeit ist, Abschied zu nehmen, bedenke Folgendes:

- Leidet dein Hund?
- Kann dein Tierarzt ihm nichts mehr geben, um die Schmerzen zu lindern?
- Wird es dem Hund wahrscheinlich besser gehen?
- Wie ist seine aktuelle Lebensqualität?
- Ist es sinnvoll, das Unvermeidliche hinauszuzögern?

Es gibt keine einfachen Entscheidungen darüber, ob du deinen Hund einschläfern lassen sollst oder nicht. Wenn dein Mini American leidet oder übermäßige Schmerzen hat, kann es die richtige Entscheidung sein, Abschied zu nehmen. Es wird immer eine schwere Entscheidung sein, aber manchmal ist es die richtige. Gib deinem Vierbeiner seine Lieblingsmahlzeit, geh mit ihm spazieren (wenn er dazu in der Lage ist) und schenke ihm viel Liebe – er hatte ein gutes Leben und verdient es, friedlich Abschied zu nehmen.

Dein Tierarzt wird dir gerne einen Moment allein mit deinem Hund geben, damit du dich verabschieden kannst. Ob du nun im Raum bist oder nicht – dein Mini American wird dir immer treu zur Seite stehen.